教师的使命

JiaoShi
De
ShiMing

张文质

——

著

长江出版传媒 长江文艺出版社

图书在版编目（ＣＩＰ）数据

教师的使命 / 张文质著. -- 武汉 ：长江文艺出版
社， 2021.10
（大教育书系）
ISBN 978-7-5702-2187-5

Ⅰ．①教… Ⅱ．①张… Ⅲ．①教育－文集 Ⅳ.
①G4-53

中国版本图书馆 CIP 数据核字(2021)第 105520 号

教师的使命
JIAOSHI DE SHIMING

责任编辑：施柳柳　黄海阔　　　　　　责任校对：毛　娟
封面设计：扁舟 BZ　　　　　　　　　　责任印制：邱　莉　杨　帆

出版：长江出版传媒｜长江文艺出版社
地址：武汉市雄楚大街 268 号　　　　邮编：430070
发行：长江文艺出版社
http://www.cjlap.com
印刷：武汉市首壹印务有限公司

开本：710 毫米×970 毫米　　　1/16　　印张：12.25　　　插页：2 页
版次：2021 年 10 月第 1 版　　　　2021 年 10 月第 1 次印刷
字数：126 千字

定价：39.80 元

在言说中领悟（代序）

我一直在言说教育，把它看成是我生命的事务。这是一个急剧变化的时代，变化之快往往令人猝不及防，要想总能对它做出清晰、准确的回应，绝非我之所能。好在我有耐心继续自己的思考，并持续地做各种临场的"思想操练"，絮絮叨叨地诉说，仿佛也变成了某种个人风格，收录到这里的文字，便是这样风格的一种呈现。我在观察，我在阅读，我不断转化思考的结果，我总是乐于"先说出来"。

"相信命运的人，命运领着你走，不相信命运的人，命运推着你走"，我在生命刚刚过半之时便已渐渐领悟并接受了这样的律令，继续生活，就是不断深化自己的承受与担当。我明白人成为人的各种不易，"人是难的"，因难而活着也就是为了不止息地思索，寻找生命可能恰当的依归。今天我或许可以说，从中我获得的满足也是最多的，这里所包含的泪水、愤懑、期许、理解、思索，也都是最日常的功课。

我的文字逐渐有了几种不同的笔法，姑且这么夸张一下吧。《教师的使命》是一本有主题的、松散的讲课记录稿，我试图保留演说时的在场状态，朋友们阅读时大概可以感受到一种不得不说和意犹未尽的意味，有时语辞未必就能达意，有时则离题甚多，甚至怎么也收不回来——阅读可能参与了创作，通过阅读肯定会纠正作者的偏颇与能力的不足，我要感谢这样的帮助。

所有的言说都会继续，这也是一种"呼救"与"送信"的方式。这是最终的命业，日积月累和日渐颖悟从而更加顽强、任性、用心，生命可能还可以从这样的信托中得到自我治疗、自我升华。总之，这一切我无法拒绝。

目　录

辑一　教育是更难的事业

我们低估了教师这个职业的难度 / 3

我为何强调关注本土教育学 / 12

手中有书，远方有导师 / 19

我的"三命论" / 24

人的教育：生命，儿童，童年 / 32

小学教育的核心点 / 38

"生长性"与"标准化"的对峙 / 45

比知识教育更重要的是什么？/ 48

如何符合能力、素养的多维要求 / 54

在热爱的同时，更专注一些 / 59

辑二　教育的退守之路

尘埃中的教育学 / 65

一个人的力量 / 70

学校文化和战场文化 / 73

教师的命业 / 79

我的教育退守之路 / 87

我对教学现场管理的思考 / 98

那些老先生的启示 / 102

三个典型的职业困境 / 108

第三辑　以教育为志业

以教育为志业 / 115

教育要回归到人性起点 / 119

保持一颗伟大的童心 / 130

教学的情感起点与学业起点 / 133

教师的专业成长与生命成长 / 138

当媒体创新转化为教育传播力 / 153

可实践的生命教育 / 163

回到每一个人的生命化教育 / 171

属于个人的教育研究简史 / 179

后记：我需要把余生交给更伟大的事业 / 186

辑一

教育是更难的事业

或许我们总有机会发出这样的感叹：我自由了。自由一定来自心灵的抉择与身份的认同，我们顺从了命运的召唤，并赋予寻常生活以更多的神秘与激情，心灵的魔法能使我们得到幸福。

我们低估了教师这个职业的难度

一

我觉得在未来，人们终将会认识到教师这一职业乃是世上最重要的职业。

其实说它重要，核心是从社会的发展、人的发展这个角度说的。但更重要的角度还在于，随着对生命复杂性的理解，整个社会也终将认识到：教师这个职业其实是世界上所有职业中最难的。

教师是很古老的职业。对于古老的职业，大家在认识上可能存有这样一种习见——在经验系统里，它已经有足够丰富的积淀，也想当然地认为教师这个职业很寻常，很常态，甚至会隐隐约约有这样的错觉：谁都可以当教师。

大多数人认为，教师首先被赋予了一种权力——一旦你在任何一种情形下被确认为教师，就可以上台讲课，就可以对学生提出各种要求。教师自己的自我认知也是如此——因为我是一个教师，所以可以讲课，可以组织活动，可以评价、批评、惩罚。

其实，有时教育中的麻烦，也跟大众以及教师这样根深蒂固的认知有关。

我们很少去询问：你凭什么做教师？拿对一个生命的理解来说，你能说你理解自己吗？你能说你能完全控制自己的情绪吗？在各种复杂的纠结里，你确信自己能获得内心的平衡吗？在受到不当刺激的时候，能克制住自己的情绪吗？这些都是极其困难的挑战。

认识自我，本身就是生命永恒的主题，也是一个人终生的任务。但反过来，其实上述这些认知，在你做教师时，不是经常会遇到吗？你凭什么说，我就是能够教那些学生学习呢？其实所谓的学习究竟是怎么回事，我们现在也不一定知道呀。人到底要怎么去学习，仍是一个有待探寻、有待进一步获得更多认知的漫长工作。

再举个简单的例子，一个班级到底该有多少学生才算合适呢？前几天我还在想，孔子开坛办学，他的学生（组成）是很复杂的，有父子同学，有兄弟同学，有叔侄同学等形式。虽然在教学内容上有"六艺"，但我认为当时的学习是一种生命的学习，是"所遇皆所学，所思皆所学"，是在各种场景中进行的一种生命的熏陶。从现代教育的角度来说，那并非正式的学校教育。自从有了正式的学校以后，就有了班级制——但我要说，班级制是最值得质疑的。

我经常引用美国教育家鲍耶尔的一句话：当一个班级内学生总数超过三十的时候，教师对学生的注意重心，就从对个体的关注转为对班级的控制。这是他考察了千百所学校之后得出的结论——但是我对这句话也有疑问：为什么是三十个人，而不是二十个人、十个人、五个人呢？因此我要作一个预言：今后每班学生的数量一定还会不断地下降。那要下降到什么程度呢？一直下降到个别化的一对一的教育为止。

可能有一天，随着社会的高度发展以及文明与富足，"一对一"的教学会成为最常态的一种教学方式。但是，"一对一"的教学就一定能教好孩子吗？如果能，那么父母知识水平达到一定程度，是不是就可以自己教孩子了？

今天很多人都说"父母是孩子的第一任教师"，我觉得说错了——父母跟教师是不一样的，父母对孩子怀有生命的责任，而生命的责任最重要的内容，正是我反复强调的：孕育、哺育、培育。其核心不在于知识的传承，以及趋向于社会化要求的行为规范教育——包括作为未来公民的担当、合作精神、合作能力等的教育。其实，父母和教师的教育范围和角度还是有很多不同的。

二

当然，很多人会说"某某老师很厉害"，我们就是要去研究"他到底什么很厉害"。比如，有的老师对学生的心理有很持久的关注，这种"厉害"在于他的专业能力高。这个厉害不是徒有其表，也不像天桥耍把戏那样，仅仅是某些技巧。反过来，我们需要反躬自问的是：我有没有这样的能力呢？我对每个具体的人到底了解到什么程度呢？我们很多的教学是建立在对每个具体的人的理解的基础之上，还是首先要想到教学计划？

　　其实，你仔细一想，答案就有了：现在的教学还是以教学计划作主导的，还是以最后的考试要达到的某一目标作为一种依据的。可以这么说，所有的教师内心都明白，我们会对某些学生有所放弃——放弃也是没办法的事情。比如说，有的学生你怎么教都教不会，他怎么学都很难学好，他的智力状况跟其他学生就是有区别。但是，问题恰恰也在于此，我们能不能根据他的智力状况、情感状态、他个人关注的某些特别的热情点而进行教学呢？这在理论上是可行的，但在实际教学中几乎是不可能的——因为课堂不能只为某个学生服务，而是要为全班学生服务。老师的内心会有个明显或潜意识的想法：学生是有分类的，一类是优秀学生，二类是中等学生，三类就是后进生。所以我要问：你会放弃谁呢？

　　主观上你不会考虑一定要放弃谁，但从结果看，你一定会放弃一部分学生。而这个放弃，我可以公正地说：这不完全是你的责任。因为只要有这样的班级制，你就一定会放弃一部分责任——这跟父母的做法差别就大了。对父母而言，只要是他的孩子，他都会尽最大努力帮助孩子；而教师呢？是做不到这样的。在现有的教育机制运行之下，我们也不可能这么去要求他，这个要求太高了。

　　再换一个思路，比如说我们强调课堂要充满激情，要用情感点燃冰冷的知识，这样知识才能具有吸引力。这话说得很有诗意，但是在执行的时候，又是极具挑战性的。你凭什么让一个人每天都充满激情呢？每天的工作都那么艰辛，那么繁杂，有时也是苦恼的。教师也是一个有血有肉的人，每天早上很早就起床，真的会感到很疲劳；晚上备课备到十点、十一点，还要批改作业，又有各种各样的任务……若要求他们始终保持这种生命热情，那太困难了。

但是就教师这个职业而言，其本身是需要热情的。如果没有热情，就意味着没有教育成效，就意味着课堂丧失了吸引力，也意味着课堂中很难形成师生间美妙的、常态化的互动。所以，我们说的这一类挑战，都是真实的挑战。谁能够说：我始终热爱这个职业，始终保持着高度的热情，一进教室就成了另外一个人？其实这句话是有问题的。"一进教室就成了另外一个人"这句话很诗意，但是不真实。实际上，人的生命状态是比较一致的，很多人生活中是什么样的人，进到教室里也是什么样的人，很少有"一进教室就成了另外一个人"的人。

三

其实，作为一所学校的领导者，也要思考，为了让教师保持这种热情，学校提供了什么条件呢？实际上，我们的社会也很少反省：由于我们对教师的要求越来越高，所以教师这个职业内在性的要求也变得越来越高，但是为他们提供的保障系统又如何呢？如何才能使更多优秀的人愿意成为教师呢？

当然，教师这个职业遇到的所有问题，在任何国家都是一个难题，但只有真正优秀的人，才可能更好地驾驭教材，更深刻地了解学生的精神状况，更从容地在课堂上与学生形成知识的、情感的、生命的多维互动。这是极其重要的一种素养，这种素养不是每个人都具备的。

第一个我们要问的是：你真的敢做教师吗？第二个我们要问的是：你真的适合做教师吗？不得不说，有很多人都是不适合的，只是因为碰上各种因素，最终才进入这个职场的。其实有些改善，并非通过培训就能够实现的，做个合格的、优秀的教师的重要前提是：你是不是真的爱这个职业，是不是真的爱学生？这种发自内心的爱是最难的。它是需要理由的，真爱要有文化的渊源，有情感系统的支持，但仅仅是真爱还不够，你还要努力成为专业人士。我觉得对专业人士的训练，是一项更困难的工作。

　　平心而论，教师的身体状态、情绪状态、情感系统，以及教师的课堂表现力，教师生活的趣味，教师自身的生命热情，都会直接地被带到课堂，被带到与学生共同参与的教学生活中。无论怎样去考核教师，也无法考核到他每天的生活，无法真正察觉到他在每节课中的问题的真正症结所在。

　　虽然教学很低效，但是整个评估系统是无法改善它的。有可能被改善的，不是什么评估系统，而是成为教师的，都是什么样的人。他承担这份工作是否合适？还有班上学生的规模，究竟要降到什么样的状态呢？即使是面对一个专业的教师，我们想到的更多的是他的学科素养、学科能力，但这只是他非常重要的能力的一部分。反而对生命的理解力的掌握，恰恰是最为复杂、最为困难的。每个学生都是带着自己的复杂性，带着自己的文化、智力、情感背景来到课堂的，他与各不相同的人组成一个班级……我们到底是为什么而教呢？哪些因素是你施教时的选择标准呢？

　　但是当你思考出标准的时候，一部分人可能会因此成为不幸的人、痛苦的人。有的学生可能对你的教学不适应，有的学生可能感到学习有难

度，而又始终得不到帮助——其实任何一个有经验的老师都会感觉到爱莫能助、鞭长莫及、束手无策。这几个词，教师们都会在具体的教育境遇中不断遇到。不管怎么去思考，总有不足，有的只能采取逃避主义，明知如此，无能为力，只能逃避；有的则采取中庸的方式，承认现实，理解现实，有所为有所不为。

但是如果要去实施这些行为，其实它们必定会对一些具体的学生产生很大影响。也就是说，不管你是什么样的立场，都会影响到跟这个立场有关联的具体学生。比如在课堂上我经常会想，那些上课爱发呆的孩子，我要怎么帮他呀？毕竟，一节又一节的课，有那么多具体的任务在那里，还有那么多学生在那里。他要趴在桌子上，我只能让他趴着，这已经很人道了。要想找到别的更好的办法，真的太难了。

谈到教师职业的难度，马克斯·范梅南的观点是：教师是唯一能够替代父母的人——这是教育学意味上的表达。这个表达起码包含了一个基础的内容：教师这个职业的任务里面，包含着对孩子生命的重大责任。就如一个小学老师曾和我说的：每天站在教室里，看到五六十个学生，只要一想到每个生命都是鲜活的，又是脆弱的，在成长过程中是躁动不安的，在学校与班级生活里，会存在这样那样风险，并且这些风险和教师的工作有直接关联，他就会不寒而栗。这位老师觉得每天能放心地，安安顺顺地度过，都会令人欣喜。

记得我去一所中学听课，回家时被堵在路上，司机说了一句话让我很动容：到了这个时间，我们的校长才能放下心来，因为这个时间，学生都回家了，他们在学校安全地度过一天了。这样的生命安全的重责，在没有任何事情发生的时候，是很容易被人忽视的，大家都觉得学校理所当然就是非常安全的地方，是呵护学生生命成长的地方，是让学生快乐成长的地方。但实际情况是，这一切安全保障都不是轻而易举就能够获得的。

对于任何一位教师而言，除了基本的教学之外，最密切关注的就是学生的生命安全。可以说，对学生生命成长过程中可能的风险、隐患，是怎么评估都不为过的。而这些事情，只有身临其境的人才能感受到。作为旁观者，作为一个身在校园之外的观众，你是很难感同身受的。

教育存在种种困难，这是我们真实的处境。就整个社会的知识系统而言，其实它关注更多的是管理，能想到的是用各种复杂的管理的绳索拉着你、拽着你、捆着你、鞭策着你往前走。让一个教师往前走，是能做得到的，但是不管怎么往前走，你都帮不到那个最需要帮助的人，因为现实是，我们很难真实地关注到一个又一个具体的人。

四

在我看来，班级制本身就是一种实验。这种实验，几乎没办法来证明什么样的班级制是恰当的——包括课时制，也是一种探索。为什么是 50 分钟呢？为什么是 45 分钟呢？为什么是 30 分钟呢？为什么是 20 分钟呢？这跟工业文明的标准化、对效率的追求，以及对教育的想象都是有关系的。但是真正的学习，一定要比这个复杂得多。

一方面，这些教育工作中的难度被低估了；另一方面，我们在教育中过度地考虑了整体的效应，而忽略了具体个人的发展。我们关注的重心，

并非具体的某个人，而是强调整体效应。在这种情况下，教育其实是一个淘汰系统，而非推动人成长的系统。它通过筛选的方式，最后把一部分人归到这一类，另一部分人归到那一类。当然，所有的归类都是冠冕堂皇的，所有的归类完成后，大家都弹冠相庆，因为又有人胜出了。我们喜欢弹冠相庆，喜欢有人胜出，而不是去考虑要尽量避免哪些具体的失败。

这是教育的主旋律。在这样的价值导向的指引下，作为教师，也慢慢地麻木了，也就很少顾及与思考：自己是否适合做教师？自己是否具备了教师应具有的那些复杂的素养？自己自身学习与努力的方向在哪里？……最后应命的、机械的、复制的，甚至冷漠、粗暴的教育方式，不可避免地大行其道。

当然，在我们回到具体的处境时，会发现作为一个教师，还有更为复杂的痛苦。第一，体现在班级制上，巨大的班级规模，令教师的负担更重。第二，大量地聘用临时教师、聘用短期合同制教师，剥夺教师应有的福利与权益。第三，实行职称制，使得教师的自然晋级变得极为困难。第四，各种各样的评价、检查，极大地增加了教师的劳动负担。

有时，当我们探讨教育变革的时候，总是会谈一些宏大的问题，但是这些大问题又无关痛痒，往往问题过大，最后所有人都变成了旁观者，同时，你又身处其中，备受煎熬。很多人只有一种心态：等着退休。仿佛生活是从退休以后开始的，呜呼哀哉！

我为何强调关注本土教育学

一

我所说的本土教育，也就是我们常说的教育要体现在地性。它的内涵可大可小，它的研究思路，一定是要根据实际情况来进行的。比如在讲家庭教育时，我遇到一个名师型的班主任。她问我："为什么性格内向的孩子更容易受伤？"

我告诉她，如果从个人经验的角度来分析这个问题是没有任何意义的。性格内向的孩子更容易受伤，是根据什么来确立的？难道受伤的都是性格内向的孩子，性格外向的孩子不容易受伤吗？当然不是这样的。

关于这个问题，我们一定要对它进行彻底分析，一定要还原到这个人真实的成长经历中。他是怎么变成性格内向的呢？他遇到伤害的原因是什么？真的是和他的性格有关系，还是和他的一些成长经历有关系？

我给老师们讲课时，就经常说到这个教育的新问题，现在不同形式和内容的教育，都是需要考虑受教者的"成长情境"的。但是在同一个情境中，有很多孩子的表现是不一样的，为什么有的孩子表现得非常出色，有的孩子却不能适应呢？这又是很值得我们思考的问题。我们不能简单地把这一切都归结于命运，因为命运充满了不确定性，生命中有着太多的偶然。但是在教育情境中，人跟人发生的冲突不是偶然的，而是有一定情感基础的——原来人际交往的基础、个人的情绪基础，而这些也恰恰是教育中我们要分析和研究的东西。

有一天，一个妈妈向我咨询，她的孩子做事情总是很慢，她很是为此烦恼。我说我们不妨先回溯一下重要事实：孩子是不是一直跟你生活在一起？爷爷奶奶的教育方式，有哪些问题？她说孩子4岁以前都是跟爷爷奶奶一起生活，4岁之后才跟着自己。爷爷奶奶本身对孩子的要求不严格，而且他们还有足够的时间帮孩子做一些事情，养成了孩子事事依赖别人、动手能力差的习惯。在孩子未上学之前，她也没有太把这些习惯当回事，觉得自己可以代做的事情，都帮孩子做了。但是孩子入学后，才发现孩子的这些坏习惯，真是让人头疼。

我告诉这位妈妈：现在你的孩子上学了，你才发现他做事情太慢，想要试着去改变他，也可以。但你要知道，首先，所有的习惯一旦形成了，想要改变是一件非常困难和漫长的事情。其次，你对孩子要有足够的耐心，没有耐心是不可能改变他的。第三，你要试着学会去接纳他很慢的行为方式，有可能他一直都会这样。有时候，你太过执着于去改变他，而忽略了其他的问题，就会适得其反。有可能他的慢行为没有改变，你们之间却又产生了新的亲子冲突——这就是属于一个家庭的"本土教育学"。我们要回溯到真实的人，回溯到他真实的成长境遇，回溯到他真实的家庭教育的生长点，去解决问题，去接受问题。

教育就是要落地到为不同的人们提供不同的教育服务，要回到一个真实的人身上，一个真实的情境中。这个是很重要的。

二

再从教师角度，来谈谈老师的成长。很多学校都会给年轻老师配导师，但是，这些导师是否跟普通的老师一起很平等地吃过几次饭、聊过几次天，然后没有目的又很有目的地到他的课堂去听过课吗？或像专家那样居高临下、正襟危坐地坐在那里，指导新老师成长——如果属于后者，其实你看到的，不是真实的教师成长。

在这种教育情境下，你看到的是什么？是那个老师正在努力地用你所需要的方式在上课，而不是按照自己的模式在上课。如果是一帮专家领导去听课，更是如此，更难以看到讲课者存在的问题，即使你看到他的问题，你也不一定能说——因为教育局长、校长、教科所长、教研室主任，还有一大堆专家都坐在那里。像这种情况，如果你是最权威的专家，应该讲三点优点，讲七点缺点。然后每个专家都在排队发言，他们心里就会想，从学术地位来说，某某地位这么高，表扬时也就表扬了三点，我也不能胡乱表扬——有这层教育之外的顾虑存在，一些事情的真实性就打了折扣。而不是说我们进去听完以后，噼里啪啦地告诉他这个课存在的问题。他听完以后，茅塞顿开，意识到他存在的真实问题。

这就是我们真实的教育生活形态。

所以有时候我就想,当我们生活中,处处是打折扣的真实;当我们的言语交流方式长期处于一种不正常的状态,那么我们的教育一定也存在着很大的问题。我们现在要做的就是,力图回到更正常、更务实、更贴近教育本质的状态。

同时,从孩子的角度而言,我们的教育,能不能不要阻碍他们的自我发展?让孩子更像儿童、少年一点,让他们做回自己。比如,有时候孩子发脾气,他可能会很不高兴地跟你说:老爸你整天都说这种话,我根本不想听你的!作为儿子能不能用这种语气,这种方式跟你说话?当然是可以的。作为爸爸,虽然孩子这样说让你很没面子,但反过来想想:我培养他,不就是让他做自己,可以自由寻找、表达自己的情绪和需要吗?

这是常识,但是我们的教育恰恰不重视甚至压制这些东西。如果一个孩子长期生活在压抑的环境中,他的坏情绪不能宣泄出来,很容易造成情感堵塞。今后不管他遇到什么样的人,他都不能自由地表达自己。

三

现在社会,为什么有越来越多的人出现情绪、心理甚至精神问题?我们一定要认真地去反思。我再从家庭教育角度来谈谈这个问题。

在养育孩子的过程里,有时候我的孩子也爱发脾气、很捣蛋、很无礼,让我和太太很伤心。我跟我太太只好在散步的时候相互安慰、疗伤,这不就是我们要培养的孩子吗?她是她自己,她按她自己的方式去做一些事、说一些话，我们要尊重她。实在是安慰不了自己了，还有最后一招：告诉自己，这就是我们的命，我们得接受这个现实。

事实上，让她表达，让她做自己，她未必做得如我们所愿，但一定能活出属于自己的精彩。我的孩子就是如此，她跟别人交往有自我，但相处得非常健康和谐，也很快乐。她去挪威，不久就给妈妈发微信说这一个月她在挪威过得非常快乐，认识了很多朋友，看了无数场电影，而且还做了义工，读了好几本书，写了两万多字的博士论文。我们看了很感叹，也很欣慰。

对一个家庭来说，这种觉醒是要经过一层又一层认知和反思的。这种觉醒带来的教育价值，不可预测、却能让你惊喜——它符合人性发展规律，开放而不压抑。

我们相信天道酬勤。天道其实不是人道，勤奋就一定能够出成绩、出成果？能有伟大的发明创造？不一定。世界上很多伟大的发明都是懒人创造出来的，是那些懒惰的、躺在床上奇思异想的"怪胎"创造出来的。

所以在当前的应试教育背景下，有些考不好的孩子，会觉得人生已经没有意义了；即使是考得好的孩子，也会产生同样的想法。因为他们从小被灌输的就是一级一级光耀门楣的思想逻辑，等他们长大后又进入一个更大的、更深刻的升级逻辑里。所以现在很多孩子的心理变得越来越脆弱，内心充满了各种恐惧，经不起挫折和失败。他们情感堵塞，生活压抑，一点也不快乐。

有些人可能会说，如果不这样，人生还有什么路可以选择呢？要走下坡路才好吗？其实你的人生真的不是只有上或下的路，还有很多路，你没

看到，或者看到后忽视了。

四

有一次，我在深圳讲课，一个朋友来听我的课。他的孩子 18 岁了，不愿意读高中，他跟孩子之间的关系变得非常糟糕——这其实都可以追溯到早期亲子关系不好这个根源。

我告诉他，首先你必须接受教育失败这个现实，然后再去考虑该怎么变革。哪些环节还有改善的空间？你不要再单纯地指望这个孩子通过高考实现逆袭，改变命运。其实国内有些职业技术学院都是很不错的，应该让孩子去学一技之长——我们不要贬低这一类学校，我甚至觉得大部分家长应该以积极的心态拥抱这一类学校。在这种情形下，这样做可能孩子也解放了，你也解放了。

他说可能孩子不会接受这样的现实。

我说孩子不接受，是因为在家庭中，你一直给他灌输的是上更好的公立学校，就能考更好的大学，考更好的大学，就能找更好的工作这样的逻辑和思想。但是现在孩子完全是晨昏颠倒，生活形态极不正常，高中都不能正常读完——他马上就要崩溃了，你还让他考名校，这对孩子来说是非常困难的，会让他慢慢觉得人生没有意义了。比较起来，该如何选，难道还不清楚吗？

孔夫子曾经说过，一个人懂得一，你不要教他二，先让他懂得一，然后当他懂得二的时候，你再教他二。也就是说当一个人努力想明白，但仍然想不透的时候，先不要去开导他。在他现有的基础上加一，没错，但你要先了解他现有的基础，如果基础都达不到，那加一有用吗？

这就是针对一个人的"本土教育学"了，它要求根据一个人的情况，来真实地让他获得真正的教育帮助，而不是以他人意愿反加其上。

五

我的一个同学曾谈到一个观点，我感触特别深，他说：一直觉得他遇到的许多学生胸无大志、目光短浅。因为他们的人生目标就是希望好好读书，以后找个好工作，然后娶个好老婆，过上好生活。为什么如此多的孩子会有这样的人生逻辑呢？问题到底出在哪里？他发现许多家长，从小就给孩子灌输这样的思想，孩子经过这样痛苦的洗礼和折磨之后，身体就像疲劳的金属一样，再也没有能力去思考和幻想未来。

所以，我们一定要回到本土、回到在地性、回到真实情境中来谈教育中的一些问题，去找到一个积极有效的生长点。比如我经常谈到的"从能够改变的地方开始"，就是一种积极的教育理念。而无论对于谁来说，个人、家庭还是社会，只要你有决心，敢于担当，勇于创新，就会发生变化。

手中有书，远方有导师

一

我对读过的这几本书，印象特别深刻。

20 世纪 90 年代时，我读了一本书，它改变了我对教育的很多看法，也改变了我对教育的书写姿态。这本书就是雅斯贝尔斯的《什么是教育》，它是三联书店在 1993 年出版的。

这本书，读起来是有难度的。但这本书的文字极为优美，美不胜收，令我无比眷恋。比如他对教师的描述中提到：历史上有一种教师是师徒式的教师，就是学生跟着老师学，老师教什么，学生学什么；老师教到哪里，学生学到哪里；老师要求学生怎么样，学生就怎么样。

师徒式的关系里，真理在老师这里。我们中国传统文化里的教学关系就是如此，所以"欺师灭祖"是很大的罪过——认了一个老师，有时就是接受了一种命运。但我要说，今天作为一个教师，其实也是需要一个师父的。教师这个职业成长，是需要师父的启迪的。

我把它归纳成三句话：身边有师父，远方有导师，心中有偶像。

在我看来，"教师是一个手艺人"，手艺人就需要有师父，不能靠着书本学习，你师父的精神气质，你师父的言谈举止，你师父本身的手艺……徒弟要经常问师父：你最近在思考什么问题？你最近在读什么书？对我们有什么具体的要求呢？师父可以耳提面命，师父可以随机指点，可以对症下药，对徒弟往往有立竿见影的帮助。这叫身边有师父。

远方的导师呢？可以是具体的一个人，也可以是某一本书。导师不单单是教你技术，更多的是精神的引领，包括某些智慧的启迪。有些人，并不是被同代人发现的，比如历史上伟大的诗人杜甫。杜甫和李白，为后世所推崇，被称为唐代诗歌天空的双子星座，但在唐代，他们的地位是不一样的。李白可以靠诗吃遍天下（是一个非常有名的吃货），靠诗行走江湖，虽然他人生最大的期许不是诗歌方面的成就，但天才就是不一样，随便写一下，就成了千古第一人。但杜甫在那个时代，并不出名，他的诗被选入当时诗歌选本的很少。他属于春风细雨，所以一直过了近百年，小杜（杜牧）出现了，老杜被小杜发现，才被拉升上去，成为"李杜"，也有人称为"杜李"。

所以，导师，其实是需要你自己去发现的，你不会很容易就找到一个导师，他一定要跟你的精神特别契合。比如，我在读雅斯贝尔斯的书《什么是教育》时，其实有一个思想背景：在这之前，我有很长一段时间的思考，加上我跟我的老师黄克剑先生学哲学，所以一下子就跟雅斯贝尔斯相遇了。

雅斯贝尔斯的句子太美了，有人杜撰出了一句雅斯贝尔斯的话：教育是一朵云推动另外一朵云，一棵树摇动另外一棵树，一个人影响另外一个人……如果去考证，我认为它一定不是雅斯贝尔斯的原创。

总而言之，是雅斯贝尔斯太有诗意了，所以这样有诗意的句子就安在他头上了。但有时我会这样想：你在读一本书时，会觉得阅读太有难度了，但哪怕你只是读到一个好的片段，甚至读到一个好句子，也许就可以照亮你的一生，雅斯贝尔斯就属于这样的人。

历史上很多的哲人哲思，照亮了很多人。我们常常听人说"半部《论语》治天下"，我可以夸张地说，一个句子就足以照亮你的一生。所有的阅读，你与它的相遇都是有契机的，跟精神气质有关系，跟你的某种阅读趣味、心智的倾向，以及人生规划都有关系。

所以当我在20世纪90年代读到这本书时，喜爱得不得了，走到哪里带到哪里。如果你去一个远的地方比较久，你一定要带一本"老书"，就是那种读了又读、读了又读的书。

二

90年代，我还读了另外一本书。这本书跟教育无关，但对我精神上有很大的引领，是德国的神学家朋霍费尔的《狱中书简》。

这本书有不同的版本，最早是四川人民出版社出版的。前不久，我在机场的时候看到它，就买了好几本，到了兰州，送给了朋友——太喜欢了。

朋霍费尔有个句子，我经常引用。我到各地讲课，有时会场特别安静，有时又会很吵闹。有次到安徽讲课遇到一种困境，讲课讲到下午四点多的时候，我看到大家很疲劳，就说大家先休息15分钟。结果发现，再回来听课的人，大概只有五分之一了。我很难堪，但朋霍费尔的那句话这个时刻安慰到我：这不是你的错，这是你的命。

我听了大量的一年级的课，并在厦门成立了"张文质一年级研究中心"。我去听一年级的课的时候，有的孩子真的是一看就知道他学习很差，你说老师有什么办法让他考得更好呢？老师真没办法。

有一次，一个老师跟我说，有些孩子学习差，你去家访一下就什么都知道了。家访之后，你会知道那个数学考得很差的孩子，是他家里数学最好的一个。"这不是你的错，这是你的命"，这个孩子能成为你的学生，也是一种缘分。不管他的智力状况、学业状况如何，如果他能在你这里得到启迪，他就可能成为一个更幸福、更开朗、更有希望的人。

朋霍费尔从美国回来后，要与自己的同伴共同承担国家的命运。后来被纳粹关进牢中，他在牢中完成了《狱中书简》。最终，他被纳粹杀害。他是一个自己主动去承担苦难与命运的人。这本书，写得特别有诗意，形式上有日记、杂记，有对哲学问题的思考，还有诗歌，似乎写得很随意，但写得美极了。有很多句子，是值得朗读和背诵的。我不知道这本书对教学技术、对考试而言，有没有帮助，但对大家理解人性、理解人的命运还是会有启迪的。

三

我在20世纪90年代，还读了苏霍姆林斯基的《给教师的一百条建议》。读完我发现，苏霍姆林斯基对学生的观察，对学生细致的思考，对我也是有启迪的。当然，在我今天的思想基础上，已经不会再像90年代那样去理解苏霍姆林斯基了。或者说，苏霍姆林斯基在某种意义上被标签化了，我今天会很少提到他，但是我觉得作为教师，你要研究教学，要有对学生的专业理解力，要去认同这个职业，《给教师的一百条建议》应该是非常好的入门书籍。这本书也更容易买到。

我要推介的第四本书，是俄罗斯白银时代作家洛扎诺夫的《落叶集》。(普希金那个时代被称为黄金时代，出大师，出经典作家。十月革命时期被称为白银时代，也出了很多杰出的作家、诗人、艺术家。)

洛扎诺夫是一个随笔作家，他写的东西古怪极了，除了《落叶集》，他也写过教育类的书和文章。他采用笔记式的写作方法，有点随心所欲——由于生活困顿，他经常在各种各样的本子上记录，有时甚至写在皮质鞋垫上，随手拿到就写在上面，最后再整理出来。

他不为出版而写作，想怎么写就怎么写。他的写作方式给我的启迪特别大。我的第一本书《唇舌的授权》就是受洛扎诺夫的启迪，写作方式是随性的、杂记式的。

如果再要加上半本推荐的书的话，就加上我的《唇舌的授权》吧。但现在这本书很难买到了。我一个朋友做了一个公众号"博尔赫斯"，转帖了我的《唇舌的授权》，有兴趣的朋友可搜一搜。

我的"三命论"

一

我们是如何来到世界上的？还有国命、天命、地命等，它们是怎么给人影响的？这两个很重要的问题，大家思考过吗？

林肯有一句耳熟能详的话，他说，一个 40 岁的人要为自己的相貌负责。因为人 40 岁以前的相貌是父母塑造的，而 40 岁以后的相貌则是自我塑造的。当然，这些是林肯针对 40 岁的人说的。其实，人的一生都在塑造着自己的相貌。就像我的相片呈现出来的，还能保持一个读书人的样子，看起来像一个思考者。实际上，当我们看到一个人时，看到的不完全是他肉体的形象，还包含着他的精神面貌。

我举一个很简单的例子：如果我跟我的中学同学相比，我一定比他们显得年轻得多，相貌比他们要更清秀一些。原因在哪呢？不是我越长越好看、越长越年轻，而是我的所思所想、我的价值追求，以及有规律的劳动和休息等状况造就的，这一切都在熏陶着我。

我通过对学校老师的观察发现（也可以说是片面之词），好老师看上去都要比实际年龄至少年轻五岁，为什么呢？好老师有更好的过滤痛苦的能力；好老师总是更积极、更乐观；好老师总是在过更有规律的生活；好老师的精神总是会高度专注，他会以成全学生的成长作为自己最大的努力方向。他精神的专注度与用心度，会影响他的面貌，令他显得从容而坚毅，温和而又善良，慈祥又有智慧，这几乎是天底下所有好老师的共同面貌。

其实教育总是有这两种功能：一是让人有更强的工具性目的。比如，在某一个领域里担当重任。二是精神的价值。这与自由、从容、优雅，慈悲、谦卑、内敛，敬畏之心，与对美好事物的向往、追求等关联在一起。

我们说一个人有担当，一方面是指他有这方面的担当能力，也可以说他有某种工具能力。另一方面，所有的担当都是精神的选择。为什么他愿意选择担当？为什么他总是向往与渴望做更大的事业呢？

有两个词特别有意思：一是，竭尽全力。有的人得到启迪后，就想要竭尽全力成为更好的自己。二是，刻意练习。这个刻意练习不是泛泛而指、浅尝辄止，不是"三天打鱼两天晒网"，而是指所有刻意训练的人，终将会达到自己想要的目标。竭尽全力的人最后总是能脱颖而出。

我们今天的教育有很大的麻烦，因为太过于注重对一个人30岁之前的教育。在某种意义上说，这跟人的智力、跟人天生的优势、跟人的独特性以及对不同的智能的倾向有很大关联。30岁前后的教育可以用两个词来分别形容：天分、勤奋。

天分，是父母一次性给我们的东西，天分可能决定了你学业的优秀程度，决定了你与别人的不同。有时候我们会漠视天分，所以只好用加班加点、废寝忘食，牺牲休息和睡眠来进行机械的训练。

二

有一个朋友说，我是不是特别笨呢？你看我要上一节课，反反复复备课，同一课题要上10次后才觉得上得好一点。说这话的人是著名特级教师——黄爱华老师。

那次我听他上"方程"课，他说，这课上了20多次，这次感觉上得比较好了。他困惑的是，自己是不是特别笨？

我的观点是，人到了30岁以后，就不要把天分放在第一位了，而要把勤奋放第一位。30岁之前是"天分—勤奋"，30岁之后应该倒过来"勤奋—天分"，勤奋就意味着要刻意训练和竭尽全力。刻意训练和竭尽全力与我们常说的"加班加点"区别到底在哪里呢？竭尽全力与刻意训练，它都是有使命感的，是有人生方向的，是你的内在渴望成为这样的一个人，而不是机械的、他律的，被别人捆绑着胜出的。

这种被"捆绑着胜出"，需要通过减少休息与睡眠来实现。我们是否想过：30岁之前，睡眠对一个人是多么重要！一个人睡多少是由基因决定的，而不是意志能操持的。我妹妹经常跟我提到我妹夫，说他一年要比她多睡半个月。我说这是由基因决定的，你只能羡慕他，却不能忌妒他。人的肠子、大脑都是不同的，人的很多东西都是不同的。我们有没有想过：

你剥夺一个人的休息时间、减少一个人的睡眠，会有什么样的麻烦呢？

德国的专家经过长期研究发现：人真的是会越读越笨的。一个人睡眠不足，一定会影响其记忆能力、思维能力、判断能力，进而影响其意志的坚定、明确，会使人变得脆弱、抑郁，变得充满恐惧，甚至还会导致人的心脑血管出现疾病。很多人的肥胖不是吃出来的，而是长期缺少睡眠造成的。胖人，其实很多都是睡不好的人。

我们很多学生就是这样，书越读得多人越胖，就是因为长期睡眠不足。我做家庭教育研究时，非常注重问卷调查，我的团队在苏州做了全市的问卷调查，在深圳光明区对所有学生也做了问卷调查，很多数据是令人悲观的。我们的孩子从三年级开始就没有充足的睡眠，很多孩子长期受睡眠问题的困扰。

我的孩子上初中时这样描述：读初一时，趴在桌子上怎么也睡不着；初二时，在桌子上趴一会儿就睡着了；初三时，直接趴下去就睡着了。还有一个孩子描述：他们班有些同学，走路都能睡着。这有多可怕啊，这是违背常理的。实际上，很多孩子的抑郁症与长期睡眠不足导致的精神困扰是有很大关系的。很多孩子人际关系紧张、轻视生命，与生命的天然需要被剥夺、被扭曲、被否定、被蔑视有很大关系。

另外，在这样的状态下，他们所取得的成绩是真实的吗？加班加点肯定会对孩子的学习产生某种影响，但是很多人不明白：在小学的时候过高投入，很可能这些孩子到初中学业就出现问题了；有的是初中时过高投入，到了高中就出现问题了。这种非常普遍的加班加点，造成很多孩子到了大学，学业就出现问题了。

三

我的另一位朋友把这称为"学业枯竭现象"。

他曾做过很多世界各国学生的观察研究，我曾经跟他探讨过，问他中国的学生与他在世界各国招收的学生有什么区别。他跟我说，开始的时候，他以为中国的学生意志品质有问题，因为在读完博士后，这些学生的志向基本是：找个好工作，有个好收入。后来他发现，人的志向不是都受人的意志力支配的，有些人扛不住，首先是身体扛不住，他们身体的能力、自然的能力已经丧失了。

我刚才说，我们不能过分注重 30 岁之前的教育，原因就在这儿。其实在 30 岁之后，人生才真正的开始啊！我们把所有的精力都放在 30 岁之前的竞争，那 30 岁之后呢？有人会跟自己的孩子说"你们一定要努力活到一百岁"这样的话吗？我就经常这样提醒自己的孩子。

有一个学者，在参加生命教育的一次研讨活动时，在会场讲了一个自己的案例。他说，我们中国文化特别注重"门当户对"（其实"门当户对"是一种社会的进步，我是认同的），但是我们常说"门当户对"更多的是强调财富、职业、社会地位，其实它还需要强调文化、价值观、生活趣味等这些方面的"门当户对"。

这位教授还说到了另外一个"门当户对"，这几乎被所有中国人忽视掉了，他是到他女朋友家提亲的时候才发现这个问题的。

在传统的闽南文化里，提亲一定是家里最年长的人出来接待男方家人，她女朋友的奶奶就说："怎么你来提亲，而不是你爷爷来呢？"教授回答说："我爷爷已经去世了。""那为什么不是你爸爸、妈妈来呢？"教授回答："我的爸爸妈妈都去世了。"奶奶接着又问他们家的平均寿命是多少，教授说他们家平均寿命是48岁。奶奶说她家的平均寿命是85岁，然后责问教授怎么敢来娶她家的女孩子。

教授说，他真没想过这个问题，因此当时非常尴尬。他的女朋友出来打圆场，说奶奶不要紧啦，他们家的寿命虽然不长，但他已经给我买了很多的人身保险。哈，意思是可以后顾无忧了。

这不是一个笑话，而是一个真正关乎价值观的故事。一个人很有才华，但活到35岁；还有一个人很平庸，但活到80岁。如果一定要你选择，你会怎么选呢？这太难选了，但是作为一个父亲，我宁愿选平庸而又长寿的。

再跟大家分享一则故事：

法国一个老太太，活到80岁的时候，家里的人都去世了，只剩下她一个人。她跟律师签合同，只要她活着时照顾她，给她提供生活保障，去世后房子归律师。律师想，老太太都80岁了，还能活多久呢？那就签了吧。

老太太活到100岁的时候，给律师写了一封信，第一句话就是"对不起，我还活着"。老太太活到110岁的时候，律师去世了，律师的太太遵从先生的遗志，继续给老太太提供生活保障。结果，老太太活到了122岁，成为吉尼斯有记录以来活得最长寿的一个人。实际上，律师付出了比房子真实价值多三倍的价钱得到了这个房子，这本身是一种美德，因为他遵从了法律，遵从了契约。这个律师其实犯了一个错误，他只看到老太太一家人都去世了，就断定她的寿命不会太长，其实老太太娘家的人都还活着。也就是说，老太太是带着一支"很长的蜡烛"来到世界上的。

四

我很多时候都在想，我们在考虑人生的时候，往往把太多的精力都放在起跑线上。起跑线上输了又怎么样呢？人生是一场超长的马拉松啊。

前两年，我回华东师大中文系参加我们系的老主任百岁寿辰，老先生说，他不是一个特别聪明、特别有智慧的人，他的很多文章都是在六七十岁才开始写的。那个时候，能够跟他竞争的人已经没有多少了。听完之后，我们都很感慨。我们还没到老先生那个年龄，我们的人生到底什么时候才能开出最绚丽的花呢？真的是谁也说不清楚。

国外有位摩西老奶奶，以前没学过画画，退休后，从70多岁开始学画画。结果此后人们把她称为"梵高奶奶"。

如果你要对一个人祝福的话，最好的祝福就是健康又长寿。对一个人最好的期许就是德福配衬，希望有道德的人都能过得特别的幸福。幸福其实是来自于我们对生命整体性的思考。生命要平衡，要懂得休闲，人生不要过度用力。对人生我们要有一个长远的规划，活着就是幸福，活着就是希望，活着就可能有希望。

今天，我们需要重塑教育的价值观，这样的价值观才真正是超越时代，超越某些应试教育的竞争。我们不要忘记了身体的竞争，不要忘记了日常幸福的竞争，不要把所有的精力都花在"考更好""读更好的学校"

"找更好的工作"等方面。因为这样，我们人生的门就会变得太狭隘了。

其实，人很多与生俱来的东西并非教育能改变，有些孩子身上天生的不足，不是通过我们教研、通过提高师资水平、通过老师加班加点就能改善的，我们更需要把它当成是人的天性、本性，人与生俱来的、带有很强的命运特征的东西来对待，这一切需要我们去接纳，去尊重，去善待。

日本一位学者把学习称为"勉强"，实际上教育并不是你简单地想怎样就能怎样，教育需要有更开阔的理解力。

人的教育：生命，儿童，童年

一

我在很多场合都强调过：童年的幸福，最核心的东西就是跟母亲生活在一起，有母亲足够的陪伴就意味着有足够的幸福。陪伴就是爱；没有陪伴，就没有爱。没有陪伴的孩子在安全感、认同感、个性上都会出现很大的问题，这是教育研究必须关注的问题，也是我近年把工作重心转向家庭教育，转向儿童研究这方面来的原因。我总是强调要从"人的教育"出发，教育最核心的词应该是"人"，是"生命"，是"儿童"，是"童年"。

但我们首先面临的问题是，我们都是在特定的框架中，从事着有明显的应试教育特征的工作。它已经变成我们存在的一个背景。有时我会觉得，中国真正的教育已经没有问题了，某种意义上说，它就是这个样子了。我们要试图改善它，非常困难。如果要改善它，就从家庭开始，从怎么对待学生开始。

我曾经于 1989 年到 1990 年在福州一所高中教了一年的书（那时我是教研员，特意去教了一年书）。这一年里我当了班主任，我从来没有填过一张表格；从来没有迎接过一次检查与评比；从来没有教学生，在有人来检查的时候，他们要说什么话。我风平浪静地做了一年的班主任，教了一年书，今天还有这种学校吗？还有这种班级吗？

近几年，因为成绩导致的家庭悲剧，真的有很多。比如一个小学五年级男生考试考得挺好，有一门考差了一点，没有得到奖励。妈妈很生气，失手把孩子活活打死，然后跳楼自杀。这件事给整个事发城市带来巨大的悲痛，这是有史以来从未有过的悲剧。

二

其实任何时候，"生命第一"都要成为家庭教育的核心理念，更要成为学校的最重要的一种文化。我们不要把所有的精力都放在孩子的前 30 年，要用更长的眼光去看孩子的一生。这是一种积极的思考方式，也是一种建设者该有的态度。

我在我的孩子身上也深有体会。我的孩子在写作上有天分，但是在考试方面就很差，现在孩子也在读博士了。有一次我问她是在什么时候真正树立了人生的方向，以及对学业的信心的。我女儿告诉我是在读完硕士之后。对她而言，是在已经二十多岁的时候，才明了人生的方向与信心。在此过程中，她遇到了很多的挫折与艰难，遇到了很多难挨的瞬间。

反思一下孩子的成长，在那样的关键时刻，我是该支持她还是打击她，是鼓励她还是嘲讽她？如果我没有看到她的未来，仅仅只看到她的现在，那么今天的她也许就不是这个样子了。

前几天，心理学家李玫瑾谈到"拒绝孩子很有风险"这一话题，对孩子说"不"是否有风险，这要具体分析。在孩子小时候我们就要对他说"不"，而不是等孩子到了十三四岁时再说"不"，这时说"不"是有风险的，因而在孩子三四岁时说"不"是必须的。一旦我们超过了对孩子培养和熏陶的有效期，就很难教育了。其实，最重要的是，这个有效期是到13岁为止，13岁之后的孩子几乎难以教育了。

从家庭教育而言，你抓住了孩子的早期教育就等于抓住了他的一生。但如果我们把所有的精力都只花在关心他的学业上，而不关心他的品行，不关心他的道德，不关心他的性格，不关心他为人处世的能力，他一旦真的出了问题，父母完全无计可施。

我最近在指导我的一个徒弟做县域"初中生青春期成长教育"的调查，这个调查结果很让人触目惊心，我们得到了一个核心信息是：这些孩子小的时候都缺少爱与管教。另外，就是家长对这些孩子放任自流，对他们的行为完全不作指导、批评、督促，孩子四年级后就出大问题了。有一个13岁的孩子霸凌同学，他暴打了人家三百个巴掌，打到最后手疼了，就用鞋子打。调查发现两个孩子都是在校生，还有两个在旁支持的是辍学的，都才13岁，很让人唏嘘。

这两个孩子，从小就没有和父母生活在一起。其中一个，警察去她家时，发现床铺上还有三个13岁的男孩。这么小就生活在一起，你去想，这样的孩子将会有怎样的未来呢？

三

所以做教育，首先要守住底线，而不是老想着让孩子进清华、北大，老想着胜人一筹。没有守住底线，一旦崩溃了，一切就都完了。不只是这些"差生"如此，有很多孩子白天是好孩子，但晚上却不知道他是什么样子。如果不做这些调查，就不会知道社会的真相，做了这些调查后，得出的结论相当触目惊心。当然，这也跟我们对生命本身的认识有很大的关系。我们以为抓住了考试、抓住了学业，就抓住了孩子的一切。但是，事实上并非如此。

在今天教育的框架里，学校教育最核心的是——不能把应试教育看成是学校最根本的属性，我们仍然需要关注家庭教育，家庭的协作、家庭的参与，这不仅对孩子学业本身有促进，更重要的是对孩子的品行、道德感、社会责任感的形成更有帮助。

今天的教师需要更为广泛的阅读。我们需要有一种更为开阔的思考，对教师而言，其实是在从事着三个方面的工作。

第一个方面是以知识传授为中心的日常教学工作；第二方面是以孩子成长为中心的生命引领工作；第三方面是以孩子成人为中心的社会责任感、公民意识的培养与奠基工作。这三个方面构成了教育的不同侧面，不同的侧面对教师的素养有不同的任务要求。

我越来越强烈地意识到，学校普遍重视以教学为中心的教研，但在儿童的研究——也即在对童年的研究、对生命的研究方面，严重不足。我们绝大部分老师很少阅读这方面的书籍，苏霍姆林斯基的作品其实也很少人读。

在我看来，苏霍姆林斯基首先不是一个教学专家，而是一个儿童成长的观察者。苏霍姆林斯基拥有三千多份的学生档案，他得出一个很有意思的结论：他发现大多数学生学业上有困难，跟他们身体上的病痛有直接的关系，强身健体，本身就是人智力发展一个非常重要的保障。

苏霍姆林斯基说，他把心都交给了儿童。其实他所有的观察、思考、记录，都是以儿童生命成长为中心的。看今天我们写论文时在写什么呢？我们有多少是以学生个人为中心在持续地观察呢？我们关注的中心，是否有所偏移呢？如果我们老师也围绕着儿童本位、儿童立场出发，能否成为儿童教育专家、成为儿童生命的专家、成为家庭教育的指导师呢？这也是我们今天的一个新任务。

在我看来，学业的理解力、深刻度，包括成绩的优劣，本身也是教育的应有之路。我每年都要听100多节课，早在20世纪90年代我就发现：教师的教学能力越低下，学生的负担就越重。在应试教育背景下，我们会忽视对教师作为手艺人的"手艺"本身的认识。比如有时学生考不好，我们就认为是你的训练不够。但真的都是因为训练不够吗？我们有没有可能是在"盲人摸象"呢？或者老师也意识到是"盲人摸象"，所以不得不更多地加重学生的课业操练呢？

这是很严峻的教育问题。从某种意义上说，教育是既建基于历史与现实，又着眼于未来，培养"飞翔者"的事业。

有学者把学生分为四类：一是追赶者（最困难的学生），二是追随者

（看着前面的方向追随），三是奔跑者（比较优秀的学生，有自主的成分），四是飞翔者（最好的学生，自我决定方向，自我决定速度，有更多的自由调节的能力）。

我的意思是，其实我们的教育，最为重要的是给孩子灌输、影响、启迪，帮助他们成为飞翔者，毕竟他是生命自由的个体。教育，一方面通过知识的方式，让其学业得以发展。另一方面，在知识的学习过程中，要把精气神贯穿其中，要让人的精神高度自由，对自我、对自主、对自由、对独立、对权利等的价值观的培养要蕴含其中，只有这样，学生最终才能成就自我，这才是我说的"人的教育"。

小学教育的核心点

一

我前不久听一个名师说，小学教育的核心并不是教知识，而是教做人。这话说得太对了。

教人，并不是仅仅从道理上讲教人，而是从实际行动上教人。理念上的"教人"，更多强调价值观，强调一个人要有更丰富的素养、更丰富的学识、更丰富的生存能力、更开阔的思想视野。

小学教育的"教人"，是需要像父母一样教的。多年前，当我看到马克斯·范梅南说"教师是唯一能够代替父母的人"这句话时，我立即就有一个很深的感触：其实教师在小学阶段，是有育人的责任的。也就是，此时养育一个孩子的功能，是在其他学段，或者说是在初中教育、高中教育时无法比拟的。

前不久，我还看到一个学者在大声地呼吁，他说：一年级教育，我们至少要实现一个目标，就是不要再让孩子尿裤子。他为什么会这么想呢？我想他一年级的时候或许是尿过裤子的。后来我也问过我周围成名、成家的朋友，我很惊讶地发现：他们在一年级的时候都尿过裤子。我也就释怀了，因为尿裤子的不止是我一个人。

你看，这件小事，其实也揭示了教育的某种真相。这个真相就是某些学校的规范，学校厕所的设置、对时间的安排，以及对儿童生命特点的了解，是不符合儿童的本性的。

二

我现在到学校去，首先会去看看厕所——我形成了一个条件反射，到一个学校要先看看厕所在哪里。我经常跟校长们说，孩子上学的第一天，一定要带他去认识一下厕所，不只认识一个厕所，而是学校所有的厕所都要让他们去走一遍，要让他们知道离自己最近的厕所在哪里。

就像我们一上飞机就会有人告诉你：机上离你最近的安全出口在哪里。同样孩子上小学一年级时，我们也要这样去告诉孩子"离你最近的厕所在哪里"。

有时，或许我们的学校总是有更规范的要求。我们的教育是有一整套非常严格的、成套的体系的，又被称为是一种科学的管理模式，但有时这些模式会把"人"给忘记了。接着，再说下我童年悲惨的遭遇吧。

我童年遭遇的其实是一件非常简单的事情，就是在老师宣布"以后不许在上课时间上厕所"之后发生的。因为不敢上厕所，后来我就明白：其实有些孩子想上厕所的愿望，是在上课铃声响了以后才产生的，是在老师讲得最激动的时候产生的，是他身体里面有自己的声音时，才突然产生的。

我认为老师可以这么说："上课以后你们不要上厕所"，但是后面还要补上一句："如果你们实在想上厕所，不要影响别人，自己走出去吧。"就是这么一句，很多人童年的记忆就被改变了。

你看，通过这例子大家就会发现，我们对教师这个职业的认识是有问题的。我们什么时候对教师做过类似于当保姆、当母亲一样的训练呢？比如说孩子尿了裤子以后，我们的第一个反应是什么？其实第一个反应的方式会对孩子一生产生重大的影响。

我见过一个老师，当看到孩子尿裤子后，什么话都没说，迅速把孩子带到办公室，而后给孩子擦洗，安慰孩子，然后给孩子父母打电话，说孩子今天身体有点不舒服，裤子湿了，这个孩子就被领回去了。这样的处理方式会给孩子留下温暖的记忆，他不会为尿裤子而羞耻，这个突然的遭遇就不会变成他一生刻骨铭心的痛苦与羞耻。

之所以举这个例子，是因为我想强调：教师这个职业，有时知识与生命的教育构成了某种张力，在某种程度上会形成矛盾。我从来没听说过，一个老师因为特别会照顾孩子而评上正高级职称的，从来没有；从来没有一个老师因为经常跟孩子说"你们要学会吃饭""你们要学会走路""你们要学会讲话"而成为伟大的老师。我们总是希望把小学教育做得越深刻越好，越深邃越好，越艺术越好。我们经常看到讲台上的名师，如果他讲得太素朴的话，我们好像就觉得白花钱了，看不到精彩的表演了，但是真实的小学生活呢？真实的、往往容易被人忽视的小学教师日常的教学呢？

比如说我多年讲课都没有解决一个问题：我的课几乎都是讲不完的。为什么我讲不完呢？我计划性比较差，时间感比较差，我受的训练不够严格。我很佩服一些老师，就是当铃声响起的时候，他正好说"下课"。

于是我经常会想：他到底怎么做到的呢？当他说"今天课就上到这里"的时候，铃声就响起来了。

三

教师，几乎是所有职业里对时间要求最高的一个职业。什么时候上班，什么时候下班，什么时候上第一节课，第一节课什么时候结束……都有严格的要求，我们对每一节课都有要求，在备课的时候，会把所有的课时都安排好了，我们是最有时间观念的人啊。几乎可以这么说，我只要跟某个教师见面，对方几乎都不会迟到，怎么会迟到呢？每个教师，几乎就是时钟呀。也就是说，我们会对时间形成非常奇特、非常独特的甚至有点病态的敏感。我们去听课、评课的时候会说，这一节课唯一的不足是他多讲了半分钟。但我会想：凭什么不让他多讲半分钟呢？我们的依据在哪里呢？这一节课讲完，为什么是四十分钟，而不应该是六十分钟呢？时间的长度，是谁来建立呢？

教学时间长度，都是按照教学计划来的，教学计划是按课时的教学计划来安排的，而后会有一个进度，有一个节奏，有一个需要教师调控的技巧。但是大家有没有想过，这一切也许都是有问题的呢？有时真的是有问题，只是问题没有被发现而已。

作为教师，有时是要备受煎熬的。明明知道四十分钟是教不完的、教不会的、有很多的疑难问题，但是我们要怎么来处理这段时间呢？时间对我们而言，是如此之重要，于是在某种意义上，我们就成了时间的奴隶，时间成了制约我们的一种异化的力量。这种力量，使得我们从对人的关注转向了对时间的敏感，我们好像不是为了教一个人、帮一个人，而是为了完成教学任务，为了达到教学要求，为了取得教学应有的那些成果。但是这些成果真的那么重要吗？这些成果是学生真实生命发展的一种呈现吗？当我们去想这些问题的时候，就会陷入一种迷茫，陷入对教学的迷茫——

我到底为什么而教？

我到底教了什么？

若干年之后，我们再去看自己的学生，有哪些学生是因为我们的帮助、我们对他具体的教学，而获得了更好的发展？

还是，只是他在我的班里停留过？他仅仅在这所学校学习过？

其实他后来的发展，跟他待过的这所学校并没有太多的关联。如果没有关联的话，我们每一天、每一节课在"这个人"身上下的功夫，是否有意义呢？

有个成语叫"功不唐捐"，意思是说你所下的功夫都是有价值的，都不是多余的，都不是没有意义的。但我们要想这个"功"到底是什么功？在小学阶段的"功"最核心的是什么？

比如说，我刚才其实不是只想谈尿裤子这件事情，而是以尿裤子来举例——学校能不能建构一种更适合学生成长的课程，建立更适合学生成长的管理机制，或者说，建立更好的能影响学生生命特性的一间教室。

四

我在听了无数课之后，是这么形容小学教师的：小学教师在知识教学方面，也许是很难把学生教坏的。为什么会教不坏？因为小学教育只是一个起点，而不是终点。也就是，孩子今后会不断地再学习、不断地有纠错的机会，能够不断产生自我学习的能力。但是这里一个问题就出现了：我们的小学教育，不能把知识的教学当成终结性的教学。也就是不能简单认为"我一定要教到某一个高度、某一个深度、某一个广度，我的教学才算完成了"，小学教育是没有这种终结的可能的。甚至对所有伟大的作品，我都会产生"我的质疑"。

比如说杜甫的《绝句》：两个黄鹂鸣翠柳，一行白鹭上青天。窗含西岭千秋雪，门泊东吴万里船。它里面的每一个字都是经典，都绝了。但我认为只有一个人可以置换它们，这个人是谁呀？这个人是儿童，他可以说"两行白鹭上青天""一个黄鹂鸣翠柳"，有没有道理呀？为什么"一行白鹭"就比"两行白鹭"要好呢？为什么"两个黄鹂鸣翠柳"就比"一个黄鹂鸣翠柳"好呢？

我跟老师说，小学教育不需要有经典的意识，不要把我们教的学科及知识当成唯一的一个文本，唯一的一个范本，当成"不可易一字、不可改一词"的终结性的超级文本。因为在我们把它当成终结性的超级文本的时候，文本也限制了我们心灵的自由想象。如果我们对经典都是一味地模仿，怎么能超越经典呢？经典其实就是用来"颠覆"的，有时就是用来"破坏"的——当然我说的不是亵渎。儿童可以用自己的方式去质疑，质疑的结果不是去超越经典，而是让儿童真正地进入了经典。但是作为一种教学，它又是很矛盾的，因为我们的教学从来都是有标准答案的，标准答案是不考虑儿童性的。

"生长性"与"标准化"的对峙

一

作为教师，我们职业的矛盾、艰难，以及复杂的约束是无时不在、无刻不有的，这也慢慢构成了我们的一种思维习惯。这种习惯对孩子也有非常直接、持久而又深刻的影响。

比如我孩子读小学的时候，老师要求背《小学生行为守则》，我们跟她说这个不需要背，执行就可以了。孩子就说是老师要求背的——如果老师说了你没做，老师是不会轻易放过你的。

在我们很多小学老师看来，没有太难的事情，再难的事情我们也有办法做到，这就是一种规训——教育有时候为了达到某一目的，确实需要有系统的思考、周密的安排、反复的训练。

但我们会忘记了"为什么我们要达到这个效果呢?"

我昨天在车上与一位校长聊了一个话题：我们从小学就开始训练孩子

朗诵，训练孩子排队，训练孩子写作，包括强化孩子的阅读，以及教导他们讲礼貌、讲安全等，所有东西都是一套一套的，但最后孩子能做到吗？

几乎我们所有的孩子在学习生涯里都惧怕写作；他们也没有全都养成良好的走路、说话、交流、表达的习惯与能力。但我们很少去反省：我们为什么不善于说话？不善于写作？几乎不会讲故事，其原因到底在哪呢？是不是需要反省呢？有时候我们为了某种目的，实在是完全不尊重生命生长的自然节律！

我们是经过一整套的训练才达到了某个标准，但这个标准本身就是非常可疑的，也是非常脆弱的，甚至瞬间就会瓦解的。

二

我知道有的校长在做"生活化写作"，单就这个命题而言，我就特别赞成。它很重要的一个前提就是自我授权，你想写什么，就写什么；你想写多少，就写多少；你想用什么方式写，就用什么方式写。这就回到了言语产生的最自然的生命状态中了。也许我们需要反省的是：对于一个小学生而言，最重要的是要激发他去写作，而不是很细致地去评点他写得怎么样。

我们教育的麻烦，可能就是过于注重结果，而不是去激发他的动机。一个孩子写得非常好，却对写作极为恐惧，你说这有价值吗？一个孩子虽然写得不怎么样（错别字、同音字，包括逻辑都搞不太清楚），但他天天写，非常喜欢写，写得得意洋洋。写完就给老师看，说："老师，我又写了两篇，老师有空给我看看。"老师看都不忍心看，为什么？每一句都是错的。要很仔细看，才知道孩子在表达什么，但是聪明的老师都会鼓励："哎哟，写得真好。哇，还写那么快，我读小学的时候比你差多了。写，继续写。"

这就对了，继续写才是对的。这就是生长性与标准化之间构成的一种巨大的对峙。

当然，我这么说是有依据的。大家如果留意过我的公众号，看过我的文章就知道，我写作的起点是很低的。我在小学毕业时，作文25分我才得了5分，而且还抄了别人的作文。因为我小学时的作文没人教，根本不会写，考试又偷懒，就抄了边上同学的文章——他25分得了20分，我抄他的，只得了5分。但是我对写作没有恐惧，因为老师没有用很严格的规定限制我、要求我，甚至没有细致的批改。但现在没有细致的批改真的不行。

我们不要把小学教育当成终结性的教育，它是起点的教育，是生长的基础教育，它的走向由儿童性来决定，由人发展的自然规律来左右。

比知识教育更重要的是什么？

这几天，我一直强调了一个观点：对于小学阶段的儿童，在知识方面，老师是教不坏他们的。

教不坏的原因在于，这个阶段的孩子实际上没有对知识一点不漏地记忆的能力。

对于这一点，我们每个人回过头看一下，基本上都是如此。小学阶段所学的知识，都是后来要不断重新学习的，不断再学习的。

因为这些知识，其实都是最为粗浅的感知性知识。

那么，小学教育中，比知识更重要的是什么？

小学教育中，比知识教育更重要的，肯定是学生的生命成长，我会特别强调包括身体成长的生命成长。

一

身体成长本身是生命成长的阶段任务，所以学校教育从设计来说，是要把它作为一个任务来设计的，要从形式和内容上，对孩子的生命成长给予充分关注。

其实有时候我们会说教学任务分成"德智体美劳"，也会说到更为丰富的内容，这样的表达，是以任务感的方式来探讨的。

我觉得比任务感更重要的，是提出教育内容的应有之义——就是从生命发展来说，这就是教育工作最为核心的工作，最为重要的使命。

从生命成长来看，你不能随便放弃某一些教育工作，或压缩扭曲工作的价值——比如不开艺术课、体育课，只重视"主科"。

小学阶段对学生的身体教育，变得非常重要。

当然，生命教育其实也是需要好好设计管理的。

生命成长可分成很多任务，这些任务都可融会贯通、融为一体。

在此之上，在小学教育里，培养学生的兴趣和热情，也一定是高于具体知识的教育的。

二

作为教师，一方面，他要在意教学任务的完成；另一方面，对教师而言，对自己要有更高的要求，包括对趣味、才艺、价值观、人生的丰富性的要求。

因为在小学教育阶段，师生之间确实是以生命影响生命，以生命推动生命的，我们把它称为范本教育。也就是说教师是榜样，什么样的教师会影响什么样的学生，教师甚至会影响到民族的未来。

反过来，我又可以谈到另外一个观点：教师有必要把小学阶段的知识教得那么精深、那么精确吗？有必要考查得那么精准吗？

其实，你所做的工作，无非是加深一些儿童的感知而已。

这样的感知，其实是很难形成他的记忆和逻辑的，甚至很难形成他的判断力。

所以从教学的角度来说，非常重要的一点就是，要增加孩子学习的乐趣。

学习形式最重要的意义（教学设计方面），就是要激发孩子的学习兴趣。

让孩子形成兴趣的最重要目的，并不是为了获取更多知识，而是对获取知识的过程，形成他们独特的感知系统和感知习惯，对之后的学习产生积极的影响。

从儿童这一阶段的发展来说，通过他的动手操作，他的身体实践，和同学间的讨论、争论等，形成最基本、最基础的理解力。

更重要的是，要拓展儿童的活动视野，要让他参与到更多的活动过程中去，要让他有更丰富的体验，要让他像个儿童一样参与到自己的生活中去，去探究、去争论、去表达、去质疑，等等。

这样的训练，对儿童形成习惯、形成学习的热情以及形成学习的兴趣，是大有帮助的。

三

我们今天的小学教育，确实是越来越精细化了，小学课堂的研究，也越来越严格了。

所谓的严格，就是对教师学科教学精细化的理解力，对课堂表现的技巧，对教师课堂舞台表现能力，要求会越来越严苛。

同时，又因为有教研机构的存在，使得听课、公开的教学研讨、并对教学状况进行具体深入的评价，变成教师非常重要的提高专业能力的一种训练方式。

这样的训练方式，带来更普遍的教学表演化现象，教学为所谓的教研服务的倾向越来越明显。

实际上，它还导致了另一个结果，这样的公开教学会与日常教学严重脱节。回到日常教学后，大量教师又完全处于一种"不会教"的状态。

但在小学阶段，"不会教"其实也是很难检测出来的，因为对学生知识方面的要求不高，对大部分孩子来说，他自身已经具备了基本的解读能力，具备被强化训练的、形成条件反射的解答能力。

这种反复训练，其实使得儿童的感知系统有格式化与钝化的倾向。

所以，我们今天越来越多的儿童，对户外活动、身体的活动、身体的竞争，包括对未知事物和大自然的好奇心，都遭受到非常严重的磨损。

对学生而言，他们更感兴趣的是各种各样的电子游戏。

电子游戏对迟钝、饥渴的心灵构成了巨大的吸引力。它是一种强刺激，也是一个程序化的互动方式。

某种意义上说，确实无助于孩子的感知能力、观察能力和判断能力的发展。

小学教育，要让儿童跟土地、跟自然、跟生活广泛接触，要尊重孩子身体的感受，发展他们身体的能力，这才是触摸到教育本质的教育形态。

四

对教师，我会越来越看重他对儿童本身的研究。

比如说，我们对课程的自主开发，它更重要的不是知识系统的建构，而是在对儿童身体，对儿童发展的心理、生理等特别了解基础上的一种设计。

还有一点很重要，就是这样的课程，必须是能真正推动儿童积极成长、正面成长的一个课程系统。

如果说，教育真的有朝更积极方向变革的可能，这样的变革肯定是从研究儿童开始的。

所以，我经常会说，我们的老师，首先要成为生命的老师。

我这么强调，是因为小学教育及教师的重要意义就在这里了。

对教师来讲，一方面要对自己有专业性的要求，另一方面，教师本身的价值观、对美好生活的追求等，这一切都会构成对孩子的熏陶。

对学校来讲，要给孩子大的引领，也就是引领孩子懂得社会的一些共识和共同的价值观。

我们要培养有责任感有担当的公民，培养孩子们个人服务于社会的热情，这一切构成了他生命成长的价值背景或者说成长的起点。

所以，我觉得所谓好的学校、好的教育，真的可以说是"既相似又各不相同"。

相似，就是美好的理念形态、美好的校园生活，构成了学校的一种共同色彩，在这个基础上才能发展学校的个性和特殊性。

教育，如果能让一个人憧憬美好，对人类有更辽阔的信念，对自己生命的担当有更坚定的立场，这样的教育，可以说是最美妙、最透彻生命本质的教育。

如何符合能力、素养的多维要求

一

凭我这么多年对教育的研究，我觉得 20 世纪 90 年代这一代的中师生，是相当优秀的，当时的选拔制度、培养制度，包括他们的职业认同、专业素养，真的是多有可取之处。现在很多师范没了，培养模式以及考试模式也变了。

为什么我会说那一代教师比较强呢？因为那一代教师恰恰是按照丰富性来培养的，他们能歌善舞，多才多艺，仪表堂堂……其实人长得好看也是教师非常重要的优势，这样你一走进教室，孩子就被吸引住了。孩子上学第一天回来就会告诉爸妈："我们老师长得可好看啦。"爸爸妈妈就会跟着高兴地说："太好了！"

其实，没有任何一个职业需要像教师一样拥有这么多维、丰富的素养，没有任何一个职业能堪称多面能手。

而有时，我们往往会把最难的事看成最容易的。就像人的外貌、个头。在福建，像我这样的矮个子比较多，还不引人注目，在山东是真的会引人注目的。一种真实、客观的存在，你要改变它，很难。

　　教师拥有的丰富素养很重要，它是多维的、多元的、多层次的，教师这个职业被低估，跟这些也有关系。大家通常只看到一个指标，比如我跟很多班主任提过一个观点：要多讲故事，少讲道理。因为故事是能够养人的，故事是能够滋润人的，故事是能够让人自己去领悟的，而道理大都是单一的、片面的，甚至还有一定的局限性。

　　我当班主任的时候，一次在班会上，一个学生问我怎么看"早恋"的问题，我就跟他们讲了一个我看到的故事：

　　　　有一所学校的两个学生，坐同一方向的车去实习。他们作为男女同学，在学校读书时都没什么交流，那次是他们坐火车相遇后的第一次交谈。男同学把自己带去的烤红薯给女生吃，后来火车晃啊晃，男生就睡着了。等他醒来，发现自己身上披着女同学给他的棉袄，那时女同学已经下车了。没想到等他们实习回来（那时正值"文化大革命"），学校已经放假了，他们已经毕业了，而学校没有举行任何毕业活动。

　　　　等过了十几年，这个男同学去出差，到了那个女同学的县城，女同学带着她的孩子去看他。一见面，男同学看到孩子马上就说："赶快叫叔叔。"没想到，女同学说："不不不，不是叫叔叔，应该叫舅舅。"

"叔叔"跟"舅舅"是有区别的,"舅舅"就是妈妈的兄弟姐妹。当时我就告诉我的学生,你们现在在一起读书,就是兄弟姐妹呀。

我这样讲,就不需要引申了。结果多年后我的学生跟我说:老师,你知道吗,就因为你的那个故事,我们班上没有一对同学谈恋爱。

所以故事是有能量的,故事里是有人性最质朴、最强烈的力量在的。一个教师的素养,都包含在这个"丰富性"里面,它需要有哲学那般的深刻,像艺术家那般的充满热情,像文学家那般的有想象力,又像演员那般的在课堂上有生动的表现——当一个教师多难啊,他一定要是个全才。

我常常自我调侃,而又这样褒扬自己:我比相声演员厉害多了。我一个人,可以讲半天,相声演员能做到吗?做不到!他需要有段子,需要有一个团队。我们教师都不需要的,所有人都能像我一样讲下来,每堂课都多姿多彩。

二

我们生命化团队里的黄爱华老师,一次在苏州枫桥实验小学上课,有人给他拍照。我跟校长提议,拍照时要把黄老师上课时手的姿态拍下来。

我就提这么一个小的要求,结果一节课换了四个人拍。因为每个人拍十分钟就累极了,黄老师手的动作实在太多了,他的手是会"说话"的,是有表现力的。最后,通过四个人的努力,把黄老师一整堂课的手的动作都拍了下来,非常漂亮。可见,教师的能力、素养真的是多维的。

别的不说，教师这个工作真是一个体力活。因此教师的身体一定要很强壮，要扛得住，要受得了苦，还要受得住委屈。我这么说"丰富"，大家都能理解。所以我们这个职业，要有一种自觉，要努力让自己变得更丰富，更动人，更有表现力，更有魅力，这也是我们要具备的职业态度。不仅有职称的要求，更重要的是对自我的要求：要能不断地自我变革，自我提升。如果一个人得到了这种提醒，就时时刻刻都会留意这些方面的。

前阶段我做了"张文质教育写作研修班"活动，我们有一个很重要的宗旨是：希望我们每一位老师一生至少能够出一本书。我们从"1+1"到"优培计划"，再到现在的"写作研修班"，其实都是给大家提供了一种参照性，让你能跟那些特别热爱阅读、善于写作的同学相互产生影响。其实，团队不就是这样，可以给大家提供多维的镜像吗？我们从这种多维的镜像里能照出我们的生命。我常常很自豪地介绍我们生命化团队，能上课，能讲座，能写作，能主持研修，并且还善于阅读，性格开朗，善于跟陌生人打交道……我们团队也是往这方面去带领大家的，就是希望让越来越多的生命更加多姿多彩，更灿烂动人。其实，这就不是快乐和幸福吗？它可以直接影响到个人的家庭生活，并且能直接地推动你的孩子变得更为美好。

其实做这样的好老师，其轨道也是多维的。首先教师要从变革自己开始，也许我们变革的是一个时代；其次要从丰富自己开始，也许我们就是在改善一个社会。

有时谈到教育问题，我们可能会非常沮丧，会面对各种难题。有时会感到很无力，但现实越是这样，我们就越要阅读，越需要从大师那里寻找智慧，越需要从小的事情上去认真地实施，哪怕只是在个人身上产生积极的影响，我们都可以看到自己所做工作的价值与意义。

所以我们还是要回到低处，回到小处，回到本分之处，来继续我们的工作。

在热爱的同时，更专注一些

一

这些年，教师这个职业一直处于改革之中。不光有一些新政策出台，也会有一些能够引起极大反响的文章面世。比如最近我就看到两篇，一篇是《教师铁饭碗打破了，教师该如何自处》，还有一篇是《教师除了教书以外，到底还能干什么》。

其实这类文章一直都存在，它们之所以能引起广泛关注，首先是能引起教师对自身的关注。也可以说是教师自身对这个职业的反思和共识，很多教师都会经常思考自己的职业现状与未来。当然，它涉及很多问题。比如说对教师政策的变革，目的是为了提高教育质量，为了提升教师职业认同感，为了克服教师职业倦怠，为了激活教师的职业状态。但我总觉得，这些改革以及对教师职业的忧思，可能都还没找到一个真正正确的方向。

比如当我们在质疑"教师除了教书以外，还能做什么"的时候（这个质疑很有意思哦），好像教师还需要有做别的职业的能力，他才能更好地做教师，而不是把教师做好了就足够了——教师何必要做别的职业呢？其实，能当好一个老师，本身就是非常艰难的事情——可能要倾尽全力，倾尽一生的心力才能做好的。

我们为什么要问：他还能不能做别的职业呢？我先不讨论他是不是有做别的职业的能力，我就想问：我们为什么不更多地鼓励教师执着于自己的职业呢？把这个职业看成是生命的职业，看成是天职，看成是命业，那该多么美妙啊。

其实，在谈到教师管理变革的时候，我更多地会去思考：我们更需要做的是，让教师更专注于自己的职业。在热爱的基础上，专注于自己的职业，所谓的术业有专攻，其实往往指的是，职业需要我们倾尽全力，才能把它做好。如果做这个职业时你不断分心，或者要在你的职业之外找个什么别的职业来证明你在这个职业的能力，这些仔细一推敲，实在是很荒唐的。

二

第二个需要我们思考的是，我们一直在呼唤打破铁饭碗，其实教师这个职业本身就不是铁饭碗，这种比喻是不妥的，但教师这个职业是相对稳定的。而这种稳定，到底要不要去打破它？这种稳定是利大于弊，还是弊大于利呢？其实是需要反复推敲的。

当然，我这么说，不是为了质疑变革本身，而是提出一个观察视角。

如果变革的目的，并不一定能真正地去推动教育更好地发展，使得教师更能专注于自己的工作，从工作中获得更多的自豪感，包括从工作中能够得到正常的回报，那么变革的意义何在？

所以我们需要回过头想一想，教师这个职业并不是今天才有，也并不是只有中国才有，到底是让教师处于不安全之中更有利于提高这个职业的质量，以及道德形象呢？还是让更多的教师专注于这个职业，用心做自己的工作，倾尽全力就做自己所擅长的事情，这样对孩子的成长、对这个职业应该担当的职责会更好一些呢？这样的问题，其实是需要反复思量的，不是一次就能问完的，不是一次就能作出简单的评判的。

其实，了解了世界各国所遵从的共识，我觉得更重要的是，应该适当提高教师职业入职的门槛，大家达到这样的准入要求之后，再强调职业稳定，鼓励教师终身从事教育工作，也就是起点要高，待遇要好，自然会有更多的人愿意一生就选定这个职业。虽然也会有滥竽充数的人，也会有对职业产生倦怠、应付了事的人，这其实也是职业的一种常态。有时候我们并不需要为了改变某些个别的教育状况，而使得整个职业处于动荡不安之中，这是一种常识。

另一方面，如果改革的目的是使得教师对这个职业有强烈的危机感，时刻想着要在职业之外寻找出路，或者要给自己留有一条后路的话，在我看来，这并不是一件好的事情。有一些学者、教师，时常鼓捣着教师需要有别的能力来证明自己，需要去思考铁饭碗打破之后该怎么办，这种危言耸听的言论，这样的思考是很肤浅的，它本身也是有麻烦的。

辑二

教育的退守之路

可以计量的工作就需要拼上浑身的力气，还有很多无法计量的，以及更加无法计量的各种因为工作、因为致力于人的成长而产生的焦虑，这是一份既给人希望又时常充满愧疚感与本领恐慌的职业，坚定的信念会帮助人变得从容，内心有光，先照亮了自己。

尘埃中的教育学

一

我研究教育，最重要的出发点是从研究生命本身出发，而不是从某些理论出发。我一直强调亲临现场、亲身参与、亲自体验，这样从土壤里面长出来的才可能是真正的教育学，是底层的教育学，是尘埃中的教育学。

我想换一种方式去看我们的教师、去看我们教师的日常、去看我们教师的生命状态。很多老师包括我自己，实际上是很卑微的，是很底层的，是很艰难地生长起来的人。

虽然我一直强调其实生命是可以转化的，只有真正地转化，获得自觉之后，你才会觉得有意义，才有一种洞见力。这样的洞见力就会让你从自己的内心去唤起你对这个时代的一些责任。你才可以做得更多，做得更好，你才可以真正去观察小事物，就小的命题、小的变革、小的可能性，去费尽心力地思考，去推动。

这就是一种小人物的教育学，小事物的教育学。

我真正的思考是从 1993 年开始的，到现在已超过 20 年。其实人对生命的领悟是非常困难的。我们在知识上的获得是很容易的，但不断地把知识、概念、思想从我们个人的生命里提炼出来，是需要漫长的心智、年龄、阅历等各种成长才能得以实现的。这就是说，其实我们的生命里有两个系统：一个是生长系统，另一个则是损耗系统。

生长系统，从人的生命开始孕育起，始终朝着生长这个方向发展，就像树木一样，一旦播下了种子，它就会不断地朝着更高、更大、更强的目标生长。从生长系统里我们也可以有另外一种领悟，其实它是人的某一些智慧的形成，某一些思想的明晰，某一些视野的开阔，它既是一种知识性的，又是一种生命性的存在。它可能要通过一个又一个阶段地走下去，才形成某一些理解力，或者某一些决断与智慧。就像孔夫子说的，在他三十岁、四十岁、五十岁的各个不同的年龄段里，他不断地获得了新的领悟。这些领悟不仅是他实践的结果，其实也有生命内在性的东西。生命某一些内在性的果实，或者生命内在性的终点，它需要在某个时间点上才会发生。

我活到这个年龄，也会有一些特别的领悟。原来不能理解的，不是你知识不够，你见识不到位，而是生命本身所带来的自然而然地汇合的时间点还没到。等你到了一定年龄的时候，那种从容、豁达、放松等感觉，很自然就到来了。可能你原来很纠结的东西，现在就能非常从容看待了。

因此人的整个面相就不一样，年轻人就应该长成那种年轻样，像我今天到了这个年龄，就应该长成今天的这个样子。网络上竟然有人喊我"张姥姥",说我长得越来越像一个外婆了。外婆在这里不是指性别,而是指某种慈祥、善良,某种待人的真诚、热情,可能我真的有"姥姥"味了。

二

有个北京的老师见过我一面后,第二次就在微信里叫我张爸爸,把我吓了一跳,我问他为什么会这样叫,他说他觉得我的样子特别像他爸爸。

这实际上是生命内在的一种运转,从这个运转里,我们可以转出很多的理解:从校长的角度来说,有时候对待年轻老师也不要太着急,年轻老师有时候血气方刚,血气方刚不仅仅是一个形容词,有时就是一种真实的生命状态,所以他有时候免不了犯错,免不了冲动,免不了急躁,免不了偶尔越过边界。有时候并不是学校的制度和文化就能使老师的行为举止恰到好处,是人需要走向成熟,而走向成熟最需要的就是时间,每个人的"钟点"都是不一样的(虽然生活在同一个时空里面)。"钟点"不一样,会导致我们对很多事情、对人与人,包括对各种临场处置的智慧都不同,这是一个生长的系统。

当然,关于这个生长的系统,还有一点很重要。一所学校或者一个人内心的不断完善、充实,都会帮我们形成内在的一条道路,形成自己的方向感,形成自己的判断力。就像孔子说的"随心所欲而不逾矩",其实每个人都在帮助自己去形成这种规矩、方向、逻辑和规则。这个努力本身就会形成一个结果。这个结果也可以说是一种格局、是一种境界、是一种智慧。这其实是很重要的,同时也包含外在的推动和内在的自我的充实。

上次我在郑州出差，半夜睡不好，醒过来后，我突然又想到：人的生长其实有另外一方面，人的生长本身就是一种自我的耗损。生命本身即使你静止不动，即使你每日无所作为，即使你希望它的损耗是最小最小的，但是生命也是无时无刻都在走向衰亡。这种衰亡本身是不可遏制的，是所有人都要面对的。劳动也许会使我们的身体受到损害，但是即使我们不劳动，我们也仍在耗损。

其实在人的生命里，最大的一个命题就是关于死亡，这是所有生命的最终命题。这个命题会有一种转化，包含你怎么面对死亡，你怎么去面对生命，你怎么去安排自己生命的一切，你如何使你的生命更有意义，你如何使得你的生命更有尊严……这些也是一种转化。这种转化每天都在提醒你：你想活成什么样子，你愿意活成什么样子，你更应该朝着哪一种样子、哪一种格局、哪一种境界去做些精进的努力。这是每个人的一种命题。

我经常这样说，相信命运的人，命运领着你走；不相信命运的人，命运推着你走。一个人有生的命运，同时也意味着有死的命运。在这个耗损的系统里，你该怎么去转化？是转化出虚无、腐烂，转化出无所作为、毫无责任感、玩世不恭，还是有另外一种走向？但是作为教师，我们要有更恰当地推动人的成长方式，去帮助人成全自我。从职业本身来说，它会有一种内在的、连续的自我提醒：我们要如何成为一个更具有专业能力、更具有专业影响力、更具有专业感召力的人？或者，如何以自己的生命作为一种参照物或者范本，去影响更多的人？这是我们职业本身的依据所在。如果没有这个依据，就没有这个职业。我们身处这种职业里，更重要的自然是要形成一种自己的动力系统，或者说自我转化系统。

其实生命需要这样的损耗，才会使得很多人觉得，让生命变得更有意义是非常迫切的。我的老师黄克剑先生与我这么说，"我觉得一天都不能耽误，一分钟都不能耽误"。因为生命对他而言，常常有一种非常强烈的紧迫感。这个紧迫感用另一种方式表达就是，要让每一天都过得有意义。

一个人的力量

一

对于教育的治理，我们确实很容易把简单的问题复杂化。比如职称、考评导致的焦虑和紧张。我个人的看法是，有时候就需要有一些人站出来，表达出放弃，能够自觉地选择边缘化，有勇气坚持无名无份。能够做到不申请课题，不参加评奖，能够自觉地去拒绝，同时又能够有勇气做真正的教育。当然，这不是一种倡导，而是需要一些真正有觉悟的人做某种示范和引领。但这个很难。因为人不可能不受各种各样的经济条件、社会身份的制约。

在我的判断里，做一些具体的事情，无论身处什么样的处境，从变革自身开始，仍然有一些可以腾挪的空间。

去年参加"教育行走"的一个老师，年初给我打了一个电话，跟我说她去杭州考察了一所民办学校，她先生也非常满意，而且她们家也讨论过了，都支持她辞职去那里工作。而后又说："张老师，你同意我就去。"

我认为，有些变革，不是只能在现在的空间里进行，而是需要到更好的空间里去，好的生活也是一种值得肯定的变革。比如，你从北往南走，到空气更好的地方去，到草木茂盛的地方去，从极为功利化的学校往更有教育信念的学校去，这就是一种变革。变革不妨先从对自己生命的怜爱开始。

二

其实一个人的变革会对自己的下一代，对自己的整个家族产生极其重大的影响。人如果只在一个地方折腾的话，可能好几代人都难以改变。所以改变了地方，可能就改变了整个家族的命运和未来。

很多时候，我们需要用一种更开阔的视野，去看待我们的生活，去看待我们的生命，去看待我们的未来，看待我们的下一代。今后他们走向何方，是不是会生活在更好一点的世界里呢？我不是去辨析，也不是号召，而是认为核心的东西是需要人有更强的专业能力和素养的，个人自身的变革极为重要。同样重要的是，你能否通过自己的努力实现对自我的"微革命"。

我认为一个好校长要做好三件事情：

第一，要带领全校的师生闯出生天，即使是在应试教育背景下，也要有勇气闯出生天；第二，要为学校更好的发展创造生机；第三，要与学校的师生共享生活，活在当下，活在更幸福的生命状态之中。

我把这称为：生天，生机，生活。

我走访了很多学校，一直很关注教师与学生的日常生活。上次去深圳，在南方科大第二实验小学，他们的教师专用厕所是智能厕所，整洁，干净，舒心。校长说，他要让所有老师上厕所都感受到作为人的尊严。

作为校长，实施变革是有可能的，需要注意的是，变革是需要勇气、眼界和专业素养的，你内心最关注、最渴望的是什么，都会体现在学校具体的细节之中。

学校文化和战场文化

一

教育本身就是一件非常复杂的事情，我们根本难以用简单的方式来概括它。

教师面临两个最核心的挑战，即复杂性和差异性。关于复杂性这个问题，我受过的最大启发是埃德加·莫兰的几本专著，他深入探讨了教育的复杂性。

有一次我碰到一位教授，他说新课程改革最大的问题是对教师的评价。评价最难的，而且最重要的是个体性评价，因为每一个学生都是复杂的。有些学生来自良好的家庭，天生聪慧，学业成绩好，其实这与老师没有很大的关系；有些学生天生勤奋，特别专注、有耐心，特别渴望胜出，即使碰到愚笨的老师，他们依然各方面表现优异，因此老师不能有贪天之功。

老师的工作怎么评价呢？其实更重要的是，在具体的学生身上你做了哪些具体的工作，这很重要。有时候，老师做的工作并不能马上在结果上体现出来。但我们有时常常只重视结果。

某省会城市有四大名校，把全省各地所有优秀学生全都招过去了，这是灾难性的。如果采用胜者通吃、巨无霸的办学模式，把好学生都招到一所学校去，那其他学校还办什么呢？这就是整个教育生态的彻底恶化，它真的是一种恶。在这类锦标至上的学校里面，你是不可能研究复杂性的，那里只有大一统的逻辑，那种强势文化的逻辑，那种反复操练的逻辑，那种精确到对学生每一天的全部时间都算计好的管理模式已盛行天下了。

美国的教育家鲍耶尔反复强调学校越小越好，小到校长能够叫出每一个学生的名字，那是最好的。按照他的标准，一个学校不要超过三百人，这是理想中的学校。因为，一旦学校过大或者班级过大，你就会从对个体的关注转向对班级的控制，这种控制逻辑就会破坏学校的日常生活。你怎么还有可能注意到复杂性呢？你怎么可能对这个生命本身有某种敏感呢？教育最高的境界是对生命本身的敏感。教师的心为什么会变得越来越粗糙？这是跟大班逻辑、大校逻辑，跟最后的那种按平均分排名是有直接的关联的。

大家都奔着那个所谓的最高的目标而去，跟打鸡血一样把学校变成"战场"，把同学变成竞争的对手，把学校的整个文化改造成"战场文化"，这是多考一分就"干掉一千人"的逻辑。

有了这样的目标，你就不可能去研究复杂性，不可能有对生命中的某种困难、某种愚钝、某种就他成长而言的延缓状态，有更多的关切、更多的同情和更多的耐心。孩子身上存在各种差异性，它是多方面的，在智力发展上本身有差异，家庭的文化追求上有差异，孩子发展的阶段性上有差异，这些都是生命的常态。

二

2017年，我在厦门英才学校建立了"张文质一年级研究中心"。我常常思考要用"生长"来构建新的课程，而不是用科学的逻辑来设计课程。

用"生长"就换了一个视角，就能回到人本身的视角去理解人、看待人，这是作为一个教师、学校文化的转向——要回到个人、回到具体、回到差异、回到复杂性、回到未知上。甚至还要回到一种更强烈的自觉上来，说出自己对生命的无知。要有这种自觉：我真的不知道，我不知道你的未来，但我真的要努力想办法去帮助你。

这个"帮教育"是建立在罗杰斯所说的"无知之幕"上的——我不管你未来是谁、未来会成为谁，我都尽我现在最大的努力去帮助你。我们会用另外一个词形容它——成全。

某地有一个副校长曾经和我说他很想辞职。如果辞职了，他一定能养活自己。我说一个人只要能够当好班主任，他也许就可以做总统。因为做总统的逻辑和管理班级的逻辑是一样的。教师这个职业在训练上是全方位的。当然这个职业的难度，和面对的各种挑战与压力，完全被整个社会低估了，似乎教育管理者只要用数据就可以了。数据是最后考试的数据，是最后考试的排名，他们把所有的校长和老师都赶往那条竞技之路上了。

其实，你不妨去教一天学生试试看看？

前几天，我太太一位大学室友的孩子来了我家，他患有自闭症，我们和他对话非常困难。我几次去湖南的一所特殊教育学校讲课，都谈到要敬畏生命，生命的复杂性，生命成长过程中的各种偶然、各种茫然……我也曾问学校的一位副校长，你教的这些学生中，哪些学生最难？他说教自闭症的孩子最难，仿佛根本不知道怎么教，没办法打开他的世界，有时候最核心、最根本的就只有耐心了。

人在成长过程中，尤其是小学教育、初中教育，很多生命都处于一种非线性成长的状态，这很考验教师的耐心。因此教师最重要的品格，就是克服那些动怒的倾向。教师是很容易生气的，如果你控制不了自己，如果你没有自觉去压制自己的怒火的话，可能你会经常暴跳如雷。同时你还要保持住职业的热情，这也很难，甚至还会让你不断地耗损自己的身心健康。尤其是今天很多教师根本没办法专注于课堂教学，也没办法专注于对学生成长的研究，各种各样的评比、检查、晋级、课题，以及那些杂七杂八的表格等，让教师疲惫不堪。

三

我太太一直盼望着 55 岁的到来，那时她退休之后会一身轻。

我今天看到徐莉老师（好久没见到她），我说她好像长胖了。她不许我说这一点。她现在最大的变化是，以前她表扬自己会征求我的意见："张老师，我会不会变好看了一点？"现在会告诉我："张老师，我又变得更好看了。"她这种心态太好了，越活越年轻，越活越快乐，一定是因为她对自己的内在生命有某些决断。

巴西的教育家弗莱雷写了一本《写给敢做教师的人的十封信》，他专门写给那些敢做教师的人。现在的人，尤其是教师的子女，不敢再做教师了。另外，一直保持热情多不容易啊。反过来说，作为校长、作为教师，我们真是需要更大的勇气鼓舞同行者，鼓舞我们年轻教师敢做教师。

我主持的公益项目"教育行走"有一句口号是"不管三七二十一"；因此不管三七二十一，我们就是要继续做教师。我们每年参加行走活动的教师大部分是志愿者，基本是自费参与，人员遍布全国近30个省区。今年400个左右的名额，不到两天全部报满。他们都是真正的"热爱者"。

最后，我要强调一下，成为一个专业的教师，要受更好的教育，同时还需要身体的支持。教师这个职业是个体力活，没有强健的身体，难以走得更远。有时我们的心态、智慧，跟我们的身体状况有很大的关联。我们要更注重身心的健康，更注重我们生活的品质，更关心我们的睡眠，有意识地保障我们的休息时间，只有这样才能支持我们走得更好、更远。

我经常跟老师们讲我大学的系主任，老先生百岁寿辰，在会上讲，他不是一个特别聪明的人，也不是一个特别勤奋的人，他很多文章都是六七十岁才开始写的，因为这时候能与之竞争的人已经非常少了，他九十多岁时还在主编《文艺理论研究》。

参加完老先生的寿辰活动，我有一个最大的感慨：对于人生，我们还需要有寿命规划。我爸爸今年83岁，他的同龄人很多都去世了，晚辈中也有不少去世了。我跟我爸爸说，其实寿命是跟文化有关的。我爸爸不抽烟、不喝酒，不乱发脾气，生活非常有规律。一有小毛病，就去看病。聪明的人往往更长寿，这个"聪明"是文化意义上的，指他有更健康的生活。

作为老师、作为父母，我们都需要有这种健康的意识。我们要把这种健康生活的理念、对生命的信念以及对未来的想象，传递给我们的学生，传递给我们的孩子，从而让大家一起共享更美好的生活，活出生命的精彩。这才是需要奉行的"好"学校文化。

教师的命业

一

荷兰数学家弗赖登塔尔说，教育家的成长顺序是先成才，再成名，然后才成家。他首先把教育家看成是一个专业人士。其实，在任何一个领域成家的人，都是一个专业人士。

说到教师的影响力，首先也是跟专业相关，教师的学识、见解、教育教学的能力、与学生沟通的技巧和方法，这些都可以看作教师基本的专业素养。任何一点素养的缺失，都将成为他的短板。

当我们说一个教师具有影响力的时候，我相信首先是指他通过自己的看上去不断重复的、基本的、本分的教学工作所产生的成效，即经过教师的传授、启迪、点化，让学生在知识上的理解力得到明显提升，学生的生命成长变得更为丰富、开阔，学生产生了更强烈的生命自足与自觉的意识。教师的本分既是指知识素养，又可以看作职业的基本的技巧、技艺。

一旦缺了这个知识素养和职业的技艺，这个教师就很难成为一个合格的教师，就很难成为一个让学生信服的教师。

弗赖登塔尔说，在课堂上，无论学生的见解多么新奇、丰富，在教师这里，这些见解都应当是教师早就已经知晓的。这句话意味着教师的学术视野、生命经验、审美趣味、人生境界，在整体上都应当高于他的学生。这个"高于"就可以看成一种影响力。无论在什么样的课堂里面，教师总是一个指导者，他总是能够给予学生正确的评价，提升、丰富学生的理解力。

有时候，我们评价一名教师，不能简单地去看他在课堂上讲了多少内容，讲课方式是否生动恰当，课堂设计上是否巧妙、富有智慧。这些教学的基本技能当然很重要，但我觉得更为重要的，是教师如何在整体上对学生产生显在与潜在的、眼前与之后的深远影响。教师的生命场，应当对学生知识的成长和生命的成长具有强大的辐射力。我想，作为一个真正有影响力的教师，其影响力还是应该更多地体现在这层意义上。

今天我们来谈教师的影响力，必须超出原来对教师的常规评价——即那些通常来自体制的评价。随着社会的日益开放，会有越来越多的平台可以让教师来展示他们丰富的生命气象，来显现他对学生多样的、更为深远的生命影响。这些平台，既有官方的，也有民间的，既有来自学校内部的，也有来自学校外部的（学生家长和社会）。明智的教师也会越来越看重、越来越珍惜来自学生（无论是在校学生，还是已经离开学校的毕业生）的评价。学生长大成人之后，教师的影响依然可以在他生命中产生回响，这是教师影响力最具说服力的证据。

在这个意义上，教师无论教什么学科，无论教哪一个学段，所做的工作都可以看作是一种生命教育。所以，教师应该是一个思想者，他需要不断审视自己所做的工作，包括所教的知识、所传递的思想——"我启迪学生的方向是不是朝着人性的方向？我教的知识是不是源于历史的真实？我传达的价值观是不是体现了人类共同的价值观？"如果不是的话，教师的教育工作就会给学生带来麻烦。

有影响力的教师，可以让学生对你产生知识的折服、道德的肯定、情感的依恋。但是，在今天这个时代，更为重要的影响力一定是精神的启迪，也就是说，教师自身的道德、生命行止、价值选择，将直接决定其影响力的深远与否。

二

直白一点说，我们难以期待学校生活能够快速发生美好、富有人性的变化。在这个时候、这样的环境中，一些独特的教师就显得非常重要。与其说是这个职业选择了这些教师，不如说是这些教师选择了这个职业。这些教师有强烈的职业认同感，他们坚信教书育人才是一个民族最重要的奠基性的工作，他们相信自己今天所做的点滴的改变、耐心地对人的启迪，就是对整个民族的文化与精神的复兴在做添砖加瓦的工作。他们在繁重、琐碎，有时候甚至还要违背自己意志、违背自己良心的工作处境中，仍然坚定地把教学视为自己的命业，视为一种信仰，视为生命的全部价值所在。这样的教师才是真正有影响力的教师。

2017年夏天，我在上海"爱飞翔"乡村教师公益研修夏令营上听到了一个最让人感动、又令人心酸的教育故事，这个故事的主人公是来自云南省泸水县的桑义碧老师。

十九岁那年，桑老师从师范学校毕业，分配到本县一所村小，这所村小离他的家要走上十多个小时。当他来到这个村子的时候，怎么都找不到他要去的学校。他问了很多人，别人都告诉他不知道学校在哪里。最后，他找到一位老人，老人领着他到村里的一块空地上，指着那里的一块石头对他说："这就是你的学校。"接着又说了一句："你的学生要你自己去招。"

桑老师顿时呆住了，他完全没有想到，他的教师生涯就是这样一种令人意想不到的开始。他说，他的第一个晚上是看着星星、枕着大地入睡的。后来，他就开始去招学生，总共招到了7个学生，最大的一个16岁，最小的一个11岁。然后，桑老师就在这块空地上开始了他的教师生涯。

很长时间，他都往返于政府与自己的村落之间，不断地去申请要建设自己的学校。每个月他都要回家背一次米，当他回家的时候，孩子们会送他走过一个又一个的山头，因为孩子们都担心老师再也不会来了。事实上桑老师也真的想不回来了，但是只要想到孩子们依依不舍的眼神，每一次他都是哭着又回到了学校，而孩子们也早早地就在山头上迎接他。

忙了三年，最后终于把学校建成了。

在他的演讲中他说了一句话：有些人为什么要对乡村教师、对一个19岁的孩子这样心狠啊？在场所有的人，也包括我，眼泪都夺眶而出。很多老师、很多其他从乡村来的老师都感慨：听了桑老师的故事，再也不觉得自己苦了，因为比起桑老师，真的没有人比他更苦。

最近我跟桑老师在微信上联系上了。他说，正是有无数的"爱飞翔"志愿者，让他感到了自己的价值。其实，也正是有了那些像桑老师那样的人的坚持与努力，才让我们体会到了教育的价值，让我们体会到为教育付出的美好。

<h2 style="text-align:center">三</h2>

我在博客上曾经引用过一句话："如果一个人拥有能打开他所在囚笼的钥匙，那么他早已不在他的囚笼之中。"这里的"钥匙"就是个人的自我抉择，对自己身份的重新勘定，也即是说，一个人一旦有了这种独立精神和自由意志，即便你处于牢笼之中，你的精神也是自由的，你也是可以飞翔于天际的。

在我看来，我们今天所期许的具有更大影响力的教师，可能要把更多的期许投向这一"格"。不过，哪怕用很民间的方法（比如媒体组织的评选、民间投票），这样的教师很可能都难被发现，但是，在这些人身上，我们才更可能领悟到属于教育的未来之光。

任何一个人的成长，都离不开一些机遇，离不开必要的社会环境。但是，为什么在同样的环境中，一些人能够成才，而另一些人却不能？这说明，人的成长，最重要的影响并不是来自外在环境。一个真正有影响力的教师不应仅仅按照现实的评价标准来制订自己的成长计划，而应该回到人类丰富深远的精神资源中去与历史对话。

一个真正有影响力的教师，需要向人类共有的文明学习，要成为一个自觉的、耐心的学习者，然后用心地、一点一滴地去重新理解教育工作。我们只有通过这样的努力，才可能为未来教育的变革积累一点思想的资源。

然而，我们的教师本身就是在这样的文化土壤中长大的，在这样的处境中，要想对处境本身进行思考，是一件非常困难的事情。我经常引用契诃夫的一句话并加以引申，"我们要一点一滴挤掉我们身上的怨恨、戾气，多一些温和与从容"，我把这种温和与从容看成认命般的温和与从容。真正有影响力的教师，总是在尽可能地减缓、削弱一些反教育的力量对青少年的毒害。

所以，一个有影响力的教师应该是一个对教育有自己立场的人，这种立场往往会以一种温和、耐心、持之以恒的方式，一点一滴地呈现与表达出来。因为他做的最核心的工作是保护、帮助、引导学生生命丰富、多元地成长。

每一个人在成长过程中总会遇到一些所谓的机遇，关键性的事件。但是，什么是机遇？什么是关键性事件？把评特级教师，评劳动模范，成为当地有影响的名人，被冠以"×××培养对象"当成一种机遇，这不是我想谈的话题。当然，不可否认，人很难摆脱诱惑，诱惑本身有助于个人生存状态的改善，并获得更多的话语权。

我更愿意强调耐心的坚守，一个人耐心地坚持做自己所认定的有意义的事情，哪怕这件事情极其微小，持之以恒也能让它形成气候，形成风气，这种风气可能会成为很多人的参照。当大家都在说"不能"的时候，你以己所能竖了一个标尺，这个标尺就能带来无穷无尽的影响力。

四

国外有位父亲，从女儿出生那天起，每天都给她拍一张照片。在女儿十岁时，他把这3600多张照片做成视频放在网络上，两天的点击量近百万次。

时间的长度，足以说明爱的深度与精神的高度。哪怕你所有的力量就只用在一个孩子身上，用在一个班级里面，用在一所小小的乡村学校之中，但由这个"标尺"所形成的某种精神上的辐射，一定能越过个人所生活的那块狭窄的区域，照耀到更多的地方。

如今，有很多全国性的"名师"四处讲述他们的成长轨迹，我并不关注这些，我觉得，他们除了勤奋和坚持之外，并没有什么值得借鉴之处。我关注更多的是教师如何自我发展，如何学习，怎么思考，怎么借鉴人类丰富的文明与素养来提升自己所从事工作的精神高度。

我知道，这一类的努力，总是收效甚微，不落痕迹，但是，就教育原本的意义而言，教师不就是要日复一日年复一年地从事这样的微小工作吗？也可以说，所谓的更可靠的影响力，其实并不是今天就能够给予他的，或是今天就能得到确证的。对任何一件精神性工作的评价，我们总需要有一个历史的眼光来看待。也许，拉开一定的时间距离，你才能发现，谁做的工作（从大处而言）对人类整体的文明，（从小处来说）对一个区域、一所学校，一些学生更有意义。我们需要寻找到更符合人性、更符合教育规律的评价尺度，才能看到这些真正有影响力的教师的工作价值。

我一直认为，教师命定就是做小事的人。我曾经说过，中小学教师要做五"小"人：做小事，对一小部分人有小的帮助，一天到晚跟这样成长中的小人物（小孩）打交道，有一点小影响。如果一个中小学教师有太大的影响力，这本身是一件很危险的事情。因为他很可能会热衷于扩充自己的影响力，为这个影响力夜以继日地奔波，他会更多地求之以外，求之以势，这与教师的本分是有矛盾的。要想真正尽到本分，只能回到教室，回到课堂，回到书本，回到平凡、朴素的教师生活之中。

只有在良性的生命场里面，才能产生丰富的知识形态，这种丰富的知识形态才是与人的精神丰富性相对应的。我很难想象：一个匆匆忙忙的教师能够对学生产生多少精神上的启迪和帮助。我所期许的好教师，是要不断学习的，需要通过不断的学习获得启迪与自我成长……

我的教育退守之路

我是一个"往后退"的人。

大学一毕业我就到了福建省教研室，但好像始终没有进入这个角色。我在那里工作了十多年，别人却说我看上去好像还不是教研员。我最早的时候是研究成人教育的，曾经到业余学校给那些要补高中学历的成年人上课，有过非常艰辛的时候。我教过最难教的学生，也经历过最有挑战的教育生涯。到了 20 世纪 90 年代初，我就从研究成人教育转向了研究中等职业教育；到了 20 世纪 90 年代中期，我的研究开始转向基础教育，基础教育又从高中退到了初中，从初中退到了小学，从小学又退到了家庭教育。

这个"往后退"，有很多因素使然。其中一个因素，就内心而言，我认为自己一直是一个个人主义者，是属于一个小团体的成员，我一直不善于在大庭广众之下侃侃而谈。读大学时我最羡慕的同学，就是能够在众人面前自如演讲的人。就性格而言，我一直是一个内向的人。大学毕业时，老师认为我并不适合从事教学工作，那时分配到教研机构，也是与老师对我的评语与评判有关。老师对我的评判是：张文质性格内向，不善言辞。

虽然今天我已经可以在众人面前随心所欲地表达，但有时仍然有种恐惧。比如说，当天早上要讲课，前一个晚上我总是睡不好，老早就会开始盘算这件事。

我发现，讲课对自己而言是一个历练的过程。因为越是恐惧，就越会在意，就越会精心准备，也越会激起更多的勇气与恐惧搏斗。最后，获得自我挣脱的喜悦感。后来，我的老师跟我讲，讲课的紧张是一种生命的自然，要从容地去面对这个自然，到最终克服这个紧张，就会获得额外的愉悦，这种体验是很美妙的。到了这个年龄，我也在想：假如让自己重新选择，会选择什么职业呢？我可能还是会选择看起来很难具体界定的、同时能自由写作、有机会与大家畅所欲言的角色。也就是说，我喜欢现在的自己。

喜欢现在的我，其实是生命经过反复折腾之后的重新自我认定。人总是需要重新去发现自己的。而在发现之前，有可能很长一段时间会对自己感到自卑，感到厌烦，感到无所适从，而后慢慢地懂得去理解自己，接纳自己，最终发现真正的自己，生命才能始终处于一种重新出发的状态。虽然我们可能对现在的自己感到遗憾，但其实生命恰恰是需要有一种保守主义文化倾向的理解力，它说的其实就是要珍惜已经拥有的，珍惜现在所有的变革、改进、改善的可能性，而不是一直展望未来。因为一直展望未来，会使人焦虑，会使我们对现实的评估产生重大偏颇，会让我们在接受现实的使命及各种任务时很难有更从容、现实、理性的方式去接纳它。而这种接纳是极为重要的，我们把它理解为——想大问题，但更重要的是要做小事情。如何做小事情呢？就是从能够改变的地方开始。而当你把目光回到从能改变的地方开始的时候，你会发现一切皆可改变。所有的改变都对生命而言充满了意义和恩泽。也许，我们就可以换一种思考方式。

比如说，生命总是有一种限度。但用生长的眼光来看待这个限度，那我们朝向的死亡之路就是一条成长之路，而不是一条丧失之路。人生最大的幸福莫过于，当生命走到终点的时候可以感慨地说："啊，我度过了美好的一生。"这个"美好"是就体验而言，就生命的丰富性而言，就生命始终生长的状况而言的。这几年，我也感觉到了自身的变化：由一个激烈的教育批判者逐渐成长为教育的理性主义者，到现在成为教育温情的建设者。我看待世界，看待所有的人，都会从他身上读出某种庄严感、某种期待之情，以及走过这段生命历程之后所体验到的忐忑与愉悦。

说到教育，其实就是双向助益的工作。对学生有益，对他人有益，同时对自己有益。比如我们上完一堂课，自己是否感到满意？这是可以问自己的心的：是不是真正准备充分呢？是不是在某个独特的情境里有独特的表现呢？是不是某些与众不同的理解真实地帮助到了学生呢？是不是在课堂里学生的回应，让你体验到了做教师的美妙与愉快呢？是不是有学生的挑战激发了你的临场智慧呢？是不是这堂课虽然上了无数次，但今天又有了全新的理解与发现呢？……如果是，这节课就不仅仅是一个教学任务。任务的完成是容易的，但是在完成任务的过程中，体验到某种使命感——"我是带着使命感去完成任务的"，最后你的快乐会溢于言表。这种"冷暖自知"，恰恰是教师生命里最为美妙的温暖、支持与抚慰。

我们需要不断地去体验这种美妙的自我疗救，才能始终保持年轻，始终保持面对困难的那种机智。我的教育退守之路，其实也可以看成是——

我不断地寻找教育的根在哪里。只有找到根，才能生长，才能添加各种营养，才能找到生命的依据所在。我很希望自己变得更诚恳，更真实，更有勇气，更善于放弃各种各样的利益。这就是生命走了一段历程之后对自己做的归纳与界定。

一退： 退到家庭

教育的根在哪里？根在家庭。我们必须去重视一个人成长的秘密。作为一个教师，在专业素养里，我们原来会把更多的精力用于关注学科、学科相关的学养以及学养背后的专业智慧，但今天我们需要有另外一个视角，就是要去洞悉自己生命的秘密。只有这样，才能引渡到对学生生命本身的关切与探问。如果没有这样的探问，教育的困难就非常难以破解。另外，如果遇到教育的挑战，尤其是面对那些对教师教学能力构成挑战的特殊学生，教师的情感会有很多的麻烦。但如果知晓了这些生命秘密，你的厌烦、冷漠，甚至敌意，就会转化为满腔的同情。而这些同情，会帮助我们成为更诚恳、更丰富、更有临场智慧的老师。

教师作为一种职业，是需要往内转的。以前我们往往是向外去看的，直扑学科的素养。如果是往内转，就要转向生命的秘密，转向心灵的秘密，每一个人都生活在命运的各种限制、束缚与成就之间。我们不能简单地对学生进行家访，更需要去做的，是对个体的了解，进而对其整个童年作深入的研究与探讨。也就是，所有的老师都要做童年的研究者，这才是教育最困难也是最需要去应对的方面。从专业的转化来说，这也是所有教师面临的一个重要课题。

从学校的视角来说，它同样有另外一个重要课题：需要和家庭合作，需要与更多学生家长合作。把家校合作、家校共育、家校共建变成学校日常的工作状态，这既是一个起点，也是工作的方式，更是我们的目的所在。如果没有这样的理解力，我们就会把学生看成是抽象的学生，把对学生的责任看成只是属于教师的责任，而不是很多协作者来共同承担的责任。这项工作，目前我们对它的重视是远远不够的。有很多教师，对于教了许多年的学生并不了解，不知道他来自什么样的家庭，有什么样的父母，有什么样的家庭文化背景。而这一切，对我们来说是非常重要的。这种家校相互助力所形成的对孩子发展的强烈共识，要成为管理学校的责任所在。这也是一种退。可以这么说，在这种"退"里我们会找到方向的。

教师首先要重视自己的家庭建设，要把自己的孩子作为一生最重要的学生加以培养。作为教师，我们不能忘了自己首先是为人父母，身上担负着孩子的未来，而整个人类责任是放在家庭里面去延续和发展的。有了这种自觉之后，就会有一种判断，这种判断就会帮助我们学会：该获取什么，该努力的方向在哪里，同时也意味着哪些应该有所放弃，我们需要经常做出抉择。而这种放弃、调整、抉择的重点就在于，让我们的孩子无论面对什么样的教育格局，他都能获得更多的安全感，获得更多的鼓励与支持。尤其在他最困难的时候，最重要的鼓励一定是来自家庭，来自父母的。

作为父母首先要尽责，把自己的孩子培养得更健康、更快乐、更有对幸福追求的渴望。所谓"退到家庭"，是从家庭存在的革命开始的。家庭

"存在的革命"意味着：我们活在当下，活在应试教育的背景之中，同时又是活在一个全球化、数字化、对未来充满很多不可预测的危机感、动荡感的时代。这样的时代，需要我们有独立思考的能力，更需要抓住根本。这个"根本"就是无论面对什么样的困难，都不要轻易放任自己的生命，不轻易去伤害别人的生命，这是家庭的第一原则。

第一原则的建基在哪里？其实就在于：在孩子出生后，你需要全力给其安全感，需要给其更多的鼓励、抚慰与支持。亲子关系健康了，亲子之间的生活幸福了，这个世界就改变了。这个世界外部的功利，有时是在亲情中瓦解的。因为你能体会到，人间最美好的东西无非是——跟家人在一起的人伦之乐。这时，世间的纷扰是否得到了某种消解呢？人是不是更有勇气去做自己呢？这既是教育的力量，也是教育的信念。

教育的信念就是：从每一个家庭都能够培养一个更健康、更快乐、更有勇气活下去的孩子开始的。所谓"存在的革命"，它强调的不是对抗，不是对峙，不是放弃，不是消极与冷漠；它强调的是，在现有的物质条件下，所有的改变都是积极的，是有价值的。比如"心阅四方"读书联盟活动，参与联盟活动的朋友们当时商议为什么叫这个名字。命名，就意味着本质。一个名字本身就意味着一种存在，意味着我们的期许，也影响着未来的道路与方向。实际上我们付出的劳动，有时是会马上见效的，有时则是一种持续而长久的影响，那为什么不去做呢？为什么不行动呢？为什么不愿意首先从改变自己开始呢？

哪怕是微小的改变，我们也会首先成为受益者的。我说的第一退，就是退到家庭，退到对儿童的理解，退到作为父母的第一责任，也是退到作为教师专业素养另外一面的能力。

二退：退到个人

有人问我"最好的工作是什么"，我觉得"最好的工作实际上是我们对一个个具体的人产生影响"，这在某种意义上也揭示了当今时代的一种文化困境。有时要影响一所学校是有可能的，但同时又是非常难的。在原有文化下，有些影响瞬间就会被打断甚至被扭曲。

虽然我是持有个人立场的人，但从来不会放弃跟健康力量的合作，也从来不会放弃对任何一所学校的关切和深入了解，我会更多地跟具体的、有名有姓的每一个老师进行互动。因为你记住了一个具体的人，就会跟他之间产生直接的生命来往。而这种直接的生命来往对任何一个人而言，都是有意义的。

我发现，有时一个人真是大于一所学校啊！你可能会忘记他是哪里人，从事什么工作，在什么单位，你记住的就是"这一个人"。作为个体，他的影响超越了学校，而这个影响在某种程度上超越了学校对具体学生的影响。这个信念背后，是责任意识的重新唤醒。也就是说，我们对一个学生的帮助不要轻易说"这是学校的责任""这是社会的责任"，因为有时候就是"你的责任"——是在你跟这个学生具体相遇的时候，成了你的责任。所以一个人的力量，在这一刻就大于一所学校，大于集体，大于社会。

我始终相信，任何一种影响都是多维生成的，有时是一种契机、一种偶然、一种命运。对于教师的工作而言，我们生活在集体、组织或者团队之中，个人力量整体上是渺小的。但是我们不要小看了渺小，不要轻易放弃自我变革对学生产生的影响以及对一个生命产生的积极意义。换一种角度来说，我们更需要把自己变成一个有活性、有血性、有底气的人。

活性、血性、底气，会帮助我们走得更远，会让我们从自己身上得到援助，而不是期待外界的变革。从自己走过的生命历程来说，我觉得这是真实的生命体验，也是真实的生命成长的一种启示。实际上任何个体的改变，都会推动社会的进步。我们首先要努力把自己变成一种变革的力量，就更高的境界而言，在"这个人"身上我们看到的是人性普遍的光辉与力量，这何其妙哉！

这个妙，恰恰是一种自我转化。这一转，转出了力量，这对教师产生的职业自信、职业勇气、职业使命感是非常重要的。生命化教育走过将近二十年，我现在能够如数家珍、历历在目、了然于胸的，都是这么一个个具体的人。我知道他的成长、他的事迹、他的影响甚至他的趣味，当然，我也更热衷于跟他坐在一起，无拘无束，畅所欲言。坐在一起，我们就能感受到教育的力量、生活的意义、人生的趣味，这就叫"退到个人"。

三退： 退到生活

生命化教育研究方式本身就是一种生活方式。它不是跟我们生活没有关联的一种工作，当我们把它看作生活的一部分的时候，其实无时无刻都能够处于一种研究的状态里。你所见所闻、目之所及、思之所及，都会转化为一种教育的思考。某种意义上说，我无时无刻不在思考教育，研究着师生关系，重新去理解人与自我、人与自然、人与世界的各种关联。而在这种自然的研究状态里，我会随时把那些灵光一现的领悟写下来。

对教师的研究尤其是中小学教师的研究，它不是一种纯粹的、学理性的、实验性的研究，它是与更具体的工作紧密结合在一起研究的，所以需要一种转化。比如读书，不管采用什么样的组织形态，更重要的都需要一种转化——随时随地都在读，只要有时间、空间，无论身处何处。我们随时都有寻找的方式，随时会有快乐的体验，这样的生命状态是多么美妙。更重要的是，读书有助于知识的真正领悟与内化。人生很多知识要获得是很容易的，但要能真正读懂这些知识，内化为生命的理解方式是非常难的。

我后来明白，词语是有年龄的。教育的技巧与手段，也是有年龄的。我们跟学生的交往态度、方式，包括玩笑，都是有年龄的。这些在我年轻的时候是不相信的。所谓对年龄的理解背后，也是我们理解人的境界在提升。比如，二十多岁的老师不属于幽默，因为幽默是属于中老年的一个词语。二十多岁的老师太幽默，会显得油腔滑调、轻浮，这种智慧很容易流于"舌尖的技巧"，它并不是真正的人生体验。实际上，很多知识其实是跟人的生命、生长关联在一起的。

我们做生命化教育基本保持三个原则：一不申报课题，二不参与评奖，三也不期望有人提供资金支持。我们把这叫"三不主义"，当然，对生命化研究如何维持，我们也有自己的思考：只要走正道，总会有贵人相助，走这条道的人一定会相互支持，也会发现脚下的路越来越宽阔。当然，这是积极的思考。如果作消极的思考，那就是能走多远就走多远，能做多少就做多少，能做出什么样的名堂就做出什么样的名堂。所有的工作，它不就是文化的一种背景吗？为什么要指望在自己身上完成这个时代最大的使命呢？这不是僭越吗？不是可怕的虚荣心吗？我希望在我们身上能把这些外在的东西剔除，回到本心，回归教育本真的态度。

我更希望的生活是：能够经常走进学校，能够有更多的教师朋友，能够更多走进自然的课堂里听老师上课，与教师分享教育的困难与挑战，偶尔自己上一节课……上课后，也会有一些记录，作一些思考。《教师博览》原创版去年发表了我一篇文章——《我们低估了教师这个职业的难度》，这篇文章也转在了"教师博览"微信公众号上，大概有数百万人阅读了这篇文章。很多人认为这是一篇对教师职业比较诚恳、有深刻理解的文章。其实，这些理解都来自我这二十多年深入课堂、与无数教师交往之后产生的对教育点点滴滴的思考。也是从经验的层面不断上升至理性的层面，从学校的教育上升到对社会的理解，从一个学生的生命状况去思考人类普遍的困境。

其实看上去是微小的问题，但是只有去透视这个微小问题之后，你才能理解：做一个教师有多难啊。20世纪伟大的教育家杜威到了九十多岁还跟他的学生说："教学真是一门神秘的艺术。"什么是神秘的艺术？就是有时真的不知道，你的智慧到底够不够？你真的不知道，你所走的路是不是真的是正道？同时，你也不知道，你以为对学生的帮助是否恰当？你在他生命里有持久的影响吗？更可怕的是，当你面对一个有困难的孩子时，你有时真的希望有上帝来帮你。比如美国著名教师雷夫，他面对自己帮助不了的学生，下班之后会在自己车里大哭一场，哭完后再回家。

所以，教师这个职业有时是很无助的，是你要面对这个学生，所有人都帮不了你。有时候，我们要学会放弃，学会妥协，承认自己的智慧、能力、教养，自己身体的状况，都不一定能帮到这个孩子。教师要有勇气去承认失败，这不是什么羞愧的事情。这是人类共同的命运，从来如此，以后还将如此。

也许，退守之路就是另外一种方式，就是去再生自己的研究、自己的写作以及自己生命的成长。

我对教学现场管理的思考

我大学毕业时，班主任对我的鉴定是"性格内向，不善言辞"，不适合做教师，所以我就没有被分配到学校，而是分到了福建省教育学院，然后又到了教研室。

我工作后，晚上在一所成人院校讲课。那些人都是为文凭而来，他们白天上班，晚上来学习，而且水平参差不齐，更重要的是，他们大部分人年纪都比我大，所以我该怎么组织班级？怎么把课讲好？怎样让课堂更有吸引力？这是一件非常困难的事。

我记得有一天晚上，一位福建师大的朋友来听我讲课，当时教室很大，人坐得满满的，他坐在后排，我没认出他。下课的时候，他走到我面前说："你知道吗？我已经听过你两节课了。"

我问他："听我的课有什么感受？"他说："你的课虽然讲得非常好，但是课堂组织能力太差了。整堂课乱糟糟的，你怎么讲得下去呢？"说实在的，面对这些复杂的学生，那时候的我真不知道怎么来改善课堂纪律。

其实对很多教育工作者来说，工作中有很多艰难又不被人重视的事情，比如我刚才说的组织学生、组织班级。可能大部分人都认为组织 50 个人学习是一件轻而易举的事情，但做起来实在太难了。

著名教育家博耶曾经问高中的校长，一个班级，学生人数在 30 以下和 30 以上有什么不同？那些校长都说没什么不同，不管学生多少，我们都一样上课。

博耶听完后非常生气，他说："当学生超过 30 个的时候，教师的注意力就从个人转向了对班级的控制。"这句话我想老师们一定都很熟悉。但是，我们怎么来控制、怎么来调节、怎样来改善学生的听课状态呢？学生的智力差异，不同的家庭文化背景，各自不同的爱好和目标等，都会给教师的班级管理带来巨大的麻烦。起码我刚开始工作的时候，我没有办法做到收放自如。

让我印象最深的是，有一次，一个学生在课堂上不停地讲话，当时我特别生气，我走到他跟前，对他说："如果你不想听，请你出去。"有时候你一旦说出这种话，就麻烦了。他回答说："我就不出去。"你该怎么解决？我总不能说"下课后我们小树林见"！最后我只好"拿出我父亲的办法"。

那是什么办法？我给大家讲一个故事，一个人骑马出去，结果被对面骑马的人把马鞍碰坏了，那个人就说："你赶紧把我的马鞍修好，不然我就拿出我父亲的办法来对付你。"对面那人就赶快帮他把马鞍修好了，然后问他："你父亲的办法是什么？"他回答说："我父亲的办法就是背着马鞍，牵着马回家。"

我说"拿出我父亲的办法"，意思就是我只好装作什么事情都没发生，继续上课。其实我的内心受到了很大的伤害，我觉得做这样的教师真的是很没尊严。但是，有时候你必须接受这种没有尊严的失败，才能够慢慢成长，这不是知难而退，而是迎难而上。如此你才会想着怎么努力去改变自己，改变课堂的组织方式，改变自己的表达方式，改变你和学生之间的关系，毕竟课堂文化的本质是人与人之间的交往。

后来我意识到，和谐的师生关系建立在师生正常交往的基础上，只有正常的人际交往，师生关系才有真正的意义。良好的师生关系还可以促进教学质量的提高，加强学生对教师所教学科的情感。所以说知识是需要经过情感加温的。如果没有经过情感的加温，知识是冰冷的，是没办法深入人心的。

之后每次讲课，我都会仔细研究，反复琢磨我的讲课方式，久而久之就形成了一种属于我自己的风格。这就像文学家们经常说的"风格即人"。但是就讲课风格而言，也都是有利有弊的。比如像我这种极有耐心的授课者，每次讲课，精心听的听众，反馈都是"娓娓道来，如沐春风"；但是如果在一个很嘈杂的会场，我也会掌控不了全局，有过沉痛的失败经历。

几年前的一个冬天，我去某地一所学校讲课，那天来听课的大概有800多人，下午两点半开讲。开始的时候，我没打算中间休息，讲了一个半小时后，还是觉得有必要让大家休息一下。但是休息完，回到会场的就只剩下200人左右了。

你想想，800多人来听课，结果休息完回来的人不到200，你该有多尴尬？这课还怎么讲下去？

当只讲过几场课的时候，遇到这种情况，我就有一种挫败感，觉得可能是我水平不够。但现在，我已经是讲过一两千场课的人了，不再会这样认为了。

我只会认为，可能在策略上我有些失败，当时不该让这些老师出去——但是即便你认识到这样的错误，它也可能会经常发生。有一次，我与一位教授被某教研室请去讲课。进入会场后，我发现那些去听课的老师，进场的时候要刷身份证，下课后也要刷身份证。我很好奇，就问坐在前排的一个主任："为什么听课也要这么严格？"那个主任说："我之前请这个教授来讲课，觉得他讲得很生动。讲完以后，我很想上台好好夸他一下。结果上台一看，整个会场只剩下十几个人。200多人结果只剩下十几个人，大部分人都从后门偷偷溜走了，这让我感到很羞愧。那天中午和这个教授一起吃饭，我都不知道说什么好。教授可能也不好意思，匆匆忙忙吃完饭，就走了。"

辛辛苦苦讲的课变得无意义，这需要讲授者有多强的心理承受能力。而有时候你可能想都没来得及想，这种情形就发生了。

所以作为一个教师，你就得不断地承受孩子成长过程中对你所构成的各种各样的打击、伤害和各种复杂的冲突，这样你才能真正成长。

而教师的专业成长和生命成长，一直是一个体系的，我们研究的时候，应该把这两个问题放在一起。我甚至认为教师的专业成长就是生命成长，生命成长一定有助于专业的成长。特别是那些在困境中不断反思与突破而获得的生命成长，它是和专业成长看似无关却又密切联系的。

那些老先生的启示

一

2017 年 9 月 28 日晚上，华东师大著名的教授——钱谷融先生在 99 岁生日这一天去世了。

说实在的，像我这样一个从乡下走出来的学子，进华东师大中文系之前，对钱先生是一无所知的，进了大学之后，才知道有他这样一位教授。他笑声爽朗，笑的样子真的叫开怀无忌，像孩子一样，这一点我印象特别深。

在我们上大学的时候，他还不是教授，还只是一个讲师。他当了 38 年的讲师。我印象非常深刻的是，在华东师大中文系，从一些老先生到系里其他老师，以及我们所有的学生，对钱先生都是非常敬重的。

我记得我上学第一天，系里集中开会，当时的系主任是徐中玉先生，好像也是唯一的一次他给我们讲话吧。他就告诉我们系里的一些老先生，谁谁谁，你们以后要叫他们先生，不要叫老师。

当时他这番话，让我们肃然起敬，印象也特别深刻。我想，这也包含着一种所谓的旧的文化精神吧，我们对那些特别令人敬重的老师，要用更传统的方式表达对他们的敬意。

徐中玉所说的老先生中就包括钱谷融先生。钱先生的课，我是没有机会听过的。当然，我知道他最著名的著作是《论文学是人学》。他在1980年就退休了，以讲师的身份退休的。后来又被延聘，在延聘期间直接被评为教授。然后又带研究生与博士生。他是华东师大中文系里，对现代文学评论和研究极其重要的一个人物。现在，很多人把他称为"泰斗式"的人物。在我看来，这些对他来说并不重要。

但是钱先生所做的一些事情，的确是比较让人惊讶的。比如，他招收研究生，首先要看学生的作文，他认为作文是最能体现一个人的思想、学识与才情的。他很看重一个人的"才、学、识"——"才"，在他看来是天生的，人与人最根本的差异，是在"才"上；"学"，跟后天的学习有关系；"识"，就是思想与见识。尽管有人生的历练等因素起作用，他同样认为，一个人真正的见识，是跟其天分有关系的。

后来，他培养了一大批青年才俊。他总是说自己运气好，因为这些报考的研究生本身就是非常好的"材料"，他只是做了来料加工而已。那么，研究生、博士生到底怎么培养？用什么方式培养？这也真的是"仁者见仁、智者见智"的。钱先生总是说自己很懒散，他的文章都是别人要他写他才写的，他自己并不想写文章。他形容自己不勤奋，懒散，好吃，好玩。

他也是被称为"最有魏晋风度"的一个学者。他曾经对他的一个学生说，"你至少有一点比不上我"，他的学生听了很紧张。

结果老先生笑着说："你不如我懒啊，哈哈。"

想一想，一所大学有这样一位教授多荣幸啊，他的存在是多么有意义啊！

华东师大的学子（尤其是中文系的学子），想起老先生的时候，总是感到很温暖。他讲的文学是人的文学，他进行的教育是人的教育，他的存在是一个真的人的存在——他是多么有真性情，多么天真，多么热爱生活，又是多么诚恳地对待自己的学生啊。

他甚至提出来，中文系的学生毕业论文可以用文学作品来代替，他总是跟很多人想的不太一样。

所以，当得知钱先生去世时，我还是感觉特别伤感的。它也意味着，一种精神存在彻底消失了，作为一个实体生命的精神存在彻底消失了。所以我又想到，一所大学，什么才是特别重要的呢？我觉得，一所大学，如果有一种高的向往，高的精神理念与人生追求，能不断地启迪一个学生，或者说可以仰望星空，能够景仰高处，能够对自己的人生有更高的期许，有更大的奋斗目标，对人类、对自己从事的工作都有更大的关怀，这点大概最重要吧。

二

徐中玉先生、钱谷融先生、施蛰存先生，还有我们系里不少老先生，包括一些青年学者，它们身上所体现出来的才学、人格力量、个人生活趣味，有的是言传身教、潜移默化，有的是不教之教，我们受其熏陶、感染。只要生活在他们身边，就会受其影响，得到润泽，可以成为他们的弟子，这本身就是极其幸福的，是我们人生的造化。

就我而言，上大学的时候，最为热衷的其实并不是去听课，也不是对这些学者、教授紧紧跟随，顶礼膜拜，而是以他们引领的价值观、人生态度、生活方式，去做自己。所以在我读大学的时候，我更大的热情无非表现在两个方面：一个是广泛地阅读，另外一点，就是尝试着自己去写作。我总是努力去做自己，去过更有尊严的生活。

我谈过一个观点，大学学习其实并不是随大学结束而结束的，它所启迪的、它所开启的人生向学之路、向上之心，其实在大学之后还会不断地影响、熏陶、提醒着我们在大学里所经历的一切，它既是记忆的一部分，而又不仅仅是提供记忆的素材。在这之后，它一而再地让我重新回到那个场景，回到那些事实，回到那些遭遇、经历以及各种思想碰撞里，重新去过一种思想的生活，重新去理解生命的意义，重新去回味所经历的一切对自己的种种撞击，生命才能不断得以成长。

其实，只有在你成长之后，你才有了某一种气质（比如华东师大的气质）。当然，很重要的一点，这所学校首先要有气质才行，只有具有真实的、巨大的精神磁场，它才能不断熏陶着一代又一代的学子。

做到这一点，多难啊。

又有哪些学校可以自豪地说，这些它真的有呢？

三

我的高中老师，王秉先生，现在已经病逝了。他在高二教了我一年，是我中学时代很重要的人。他心脏不太好，但是精神状态非常好，他是一个非常达观的人。在他去世前几天，有十几个学生去看他，他还把他研究的各种文化现象跟学生分享。

作为学生，我可以从他身上真正体会到什么叫"安贫乐道"。

他毕业于北师大中文系，以前在北京市的一个编辑机构从事教材编辑工作，后来回到福建，在当时的福州闽侯专区做教研员——那个专区很大，有好多县。在做教研员的时候，他认为想要做教育研究，就一定要深入基层，于是，他就来了我们公社的学校，并且把自己的一辈子都放在那里了。

那个时候的生活是非常艰难的，教室是泥瓦屋，王老师带着他的儿子一起生活在教室旁边的一间小房子里面。当时的生活环境也比较恶劣，我记得在教室里上课，一个上午我就可以在身上抓出十几只跳蚤。

有一天，当王老师的太太带着两个女儿来看他时，我们很是惊讶。因为一直以来都是他一人带着儿子在这里生活的，原来他有一个完整的家庭，他有太太，还有两个双胞胎女儿。我们从来没有听到他有怨言，没有感觉到他因为与家人两地分居而带来的困扰。他每天都拿着一个小本子，在校园里背英语单词，一边走一边背，目不斜视，心无旁骛。

我从王老师的身上汲取到了很大的力量，这种由生命自觉达到的境界，虽然是个人行为，但它的感召力之强大，是无与伦比的。也只有当你高度认可某种职业以后，你才会明白，像王老师那样所处的状态是多么的妙不可言。因为有人极有可能会这样想：他读北师大有什么用呢？还不是在乡村的学校教了一辈子的书，并把自己的一生也耗费在那里。这些人根本不明白他生命本身的意义，因而会被各种功利的东西所左右，并用它去评判一个人。

我周围的人，包括我最近的亲戚，都觉得像我这样的，至少应该是某个级别的官员了，但我不是。记得我外甥女结婚那天，我在她的婚礼上致辞，其中也谈到我所做的事情。我母亲跟我妹妹私下说了无数次，认为我讲得太好了——其实她也很难明白，更难搞清楚我做的具体是什么工作。怎么会有这么多人愿意从全国各地赶来听我的课？

其实，一些人这样想是非常正常的，他们的判断标准属于他们，我要做的事情属于我自己。一个人做任何事情，一旦它的意义已经确立，就不要去管别人怎么看你。当然，别人的看法可能也很重要，但更重要的是你对自我的认同，"身居陋巷而不改其志"，这才是主导你的生命的最核心的动力。

在我的写作研修班里，曾经有老师说过，他再也不参加同学会了，因为那些同学只会打麻将，他要跟志同道合的人在一起，而不要跟那些跟他不一样的人为伍。这就与生命自觉有关，人要为自己活着，要为自己追求的生命的意义而活着，要追寻并塑造自己的样子。

三个典型的职业困境

一、"没时间" 读书

作为教师，其职业的困扰就是，每天从早忙到晚，各种麻烦事接踵而至，令人应接不暇。在忙着应付各种事的同时，也自然就"没时间"读书了。其实如果说让我对教师提什么重要的建议，第一点就是要挤出些时间读书，而且要经常读，坚持读。

现在大部分教师是不怎么读书的。有个大家熟悉的教育图书品牌，出了不少好书。有一次，他们的发行部负责人到某市做了一个调研，调研完以后他笑着跟我感慨说："张老师，在这里我们的书几乎没人看。"

他去过很多学校，发现有的老师连本土的学者都没听说过。他认为如果连自己地方上的学者的作品都不关注，还读什么书？

实际上，对教师来讲，如果不读书，就更易于成为一个单纯的"事务工作者"。你具有的经验是否有价值，它们是否可以转化，就看你是否能够从中把智慧剖析出来，把规律寻找出来，把某一些独到的见解提炼出来，如此一来，你的经验才可以被看成是有价值的。而实现经验学理化的途径之一，就是多读经典教育书籍，打开更广阔的思路，然后再回头看自己所思、所想、所做并写下来。

但是我们往往看上去做得多，实际上有价值的真的很少；或者是我们想得多，但去写的少。

所以在教育问题上，我们很难上升到总结规律的层面上来，也很难对人成长的秘密有更全面的理解——而这一点，恰恰是作为教育工作者最应该达到的境界。

有一个这样的故事，在我孩子读小学的时候，有一次放寒假，我到学校去接她，碰见四年级的班主任跟一个家长说，你的孩子这次不够认真，语文才考 98.5 分，假期回去要好好抓一下孩子的学习。

当时我就想：考了 98.5 分了，还要再提高一下，怎么往上提呢？

说这话的老师是一个很优秀的老师，也是学校里一个很资深的老师，他对分数竟然这样理解，那说明他在对儿童教育的理解上也是有大偏差的。

其实在教师中，真正能够对其有更深刻的理解的人，还是比较少的，关键还要看你有没有真正地去读书、学习，有没有更努力地去领会经典著作中的精神要义，你不能教着教着把自己教成了"小学水平"。

二、 职业封闭性

我想谈的第二点，是教师职业带着某种封闭性。教师们的沟通更多是在职业内部进行的，要想对自己的工作有更开阔的理解非常不容易。

我举一个亲身经历过的例子。有一年我到某地去讲课，一个在学校做班主任的中层老师，在做生命教育这方面是成绩很不错的。他曾和我感叹：他现在住的还是当年单位分的叫"福利房"的那种旧房子。再说说他们学校那些年轻的教师，他们刚来的时候，这位中年教师总觉得那些年轻人工作不够用心，到这里以后就开始买房卖房的，他就觉得那有些不务正业。但是等若干年过去了才看到，那些他认为不务正业的人早就住进了好的房子，并且有的还开着宝马上班，而他住的仍然是单位的老房子。他提起这些，并非是因为不甘心而做的一个道德评判，他说的是他自己生活的领悟。

人很容易习惯于在看待一件事情时，还是顺从他原来的封闭系统，很难跳开这个职业去看人一生的生涯规划，更容易在这个固有的系统里面进行自己的规划。

我去年在教育行走研修活动时谈过一个观点：一个老师的成长，从专业的角度来看，要具备投入感；从精神的领域来看，要有解惑的导师；从生活的角度来看，还需要有一些富有的朋友。这点以前我也没想太多。从生活的领域上看，人还需要有"富朋友"。这并不意味着你跟商界、企业界的经营者交朋友，你也可以变成有钱人，而是这些朋友，很可能会对你的生活，对你原来缺少的财商等有一些不同的启迪，而且是一些你自己以前一直就没有产生过的思考。可能你早已惯于在自己的领域里面研究，哪怕你面对的是今天这样一个信息的时代、全球化的时代。

三、 精力枯竭带来的麻烦

我们的职业还有一个潜在的麻烦。有时候很多老师会产生这样的感慨：为什么我对别的孩子教育得这么有耐心，对自己的孩子反而不行呢？这到底怎么回事？

我总觉得这点好像没人可以解释清楚。后来我一直在考虑这件事情，不能简单认为你把全部的耐心都用在别人的孩子身上，所以才对自己的孩子没有耐心。这里面还包含着一些很微妙的因素，比如我们一般都在哪个时间段教育自己的孩子？

我们一般早上 7 点多到校，晚上 7 点左右回家，回到家时已经疲惫不堪，这个时候如果看见孩子在那里捣乱，看到孩子被老师告状，看到孩子作业没写完，你最想怎么做？是不是很想冲上去揍他一顿？其实老师的普遍心理就是如此，以前这个角度我从没考虑过。老师为什么在教育自己的孩子时会失控？尤其是在面对自己孩子时的失控，是否跟其精疲力竭有关系？事实是，一个人越疲劳，他对情绪的控制和管理能力就越差。

教师在结束工作回到家的时候，疲惫不堪几乎是常态，如果这个时候要教育孩子，真的是什么不好听的话都会说出来。而难听的话往往很危险："你看你考得这么差，怎么不去死？"孩子如果真的要去死该怎么办？去年某市有一个小学老师，其实孩子已经考得很不错了，但是由于没有达到妈妈的预期，妈妈就失手把孩子当场给打死了。这真的是一个巨大的悲剧！我跟大家提到这点：在青少年的自杀事件中，教师的子女是位于前三位的，实际上更为准确地说应该是第一名。

所以面对这个职业，我们就需要有另外一种思考了，不要在情绪不佳的时候教育孩子，不要在孩子用餐的时候教育孩子。

我一个亲戚，有一次我去他家吃饭，他上初二的孩子吃得特别快，我就跟他开玩笑说："你看你饭吃这么快，以后女朋友肯定不愿意跟你吃饭。"没想到这男孩跟我说："我就是故意吃快点，让妈妈想批评我都没时间。"他的妈妈是一个中学老师。

因此我们要意识到：我们这个职业其本身是有某一些麻烦的，有时候我们没有把孩子教育好，并非是孩子不够聪明，他的品行有问题，可能是与我们没有耐心有关。我们难以控制情绪，而且我们教师往往是对自己家人，比如对孩子、老公、婆婆、妈妈这些人发火，这类事情实在数不胜数。

对于这个职业，我们要清楚两个方面：第一，你的孩子跟别的孩子的需求没有任何不同，不会因为父母是教师，他对自己的需求就变得不一样了，他就变得更自觉，更有上进心，更不容易犯错误，就会有更高的目标；第二，教师孩子成长的复杂性、艰难性也跟别的孩子是一样的。

现在我自己的孩子都读博士了，但我还经常对孩子的成长非常困惑。比如说她以后到底做什么？她的优势到底在哪里，我们原来对她的教育是不是有做得不够好的地方？其实父母一生都会思考这个问题。这是一生都要面对的。我们总是会不停地思考做得对不对，是不是还可以做得再好一点？其实慢慢大家就会明白，我们只要能做一个够好的父母就行。所谓够好，就是做一个及格的父母，能拿60分就行了。60分就意味着我们能陪伴他们，能鼓励他们，能在孩子迷茫或者困难的时候，帮助他们，如果做到了这一点就不错了。

辑二

以教育为志业

我有一个很深刻的体验：有时一个教师的意义会大于一所学校，有时一个人的某种能量甚至会超越时代。对教育而言，这样的人，他所做的事情是真正直扑生命、直扑教育、不顾私利的，他始终有一种草根情怀——对教育的情怀，对生命的情怀，真正推进社会发展的情怀。也许他就是属于一个时代最为珍贵的"个人"。

以教育为志业

一

在我认识的众多老师中，有一位黄爱华老师，他是一个特别直率的人，同时也特别诚恳。有一次到福州讲课，他身体不太舒服，也累得不行，但福州一所小学的老师要跟他谈课堂，一谈就谈了一个多小时，这个过程中他始终非常专心、认真。

我举这个例子，不仅仅是为了说明黄老师是一个好人，而是强调他是真正以教育为志业，真正地希望受过他点滴的指导，受过他深刻的影响，受过他持续教诲的老师，能够在自己的课堂里面逐渐有更大的变化。

黄老师的所思所想，在这一点上比我还要纯粹，我经常天马行空，杂乱无章，无边无际，而他只想小学数学，不断地把他所做的东西结构化、条理化，甚至格言化——他一直在专注地做这件事情。

有个寓言故事，讲两种动物，刺猬与狐狸，刺猬只做一件事情，狐狸什么事情都会做。英国哲学家以赛亚·伯林因此归纳出两种人：一种叫狐狸型的思想家，一种叫刺猬型的思想家。刺猬型的思想家一生就做一件事，狐狸型的思想家就想做好多事。黄老师是属于刺猬型的，我是属于狐狸型的。

这两者，不能说狐狸更厉害还是刺猬更厉害，不能这么比较。你不要看一个人只做一件事情，只要他把一件事情做到极致了，没有人能比过他，他会非常厉害；而一个人什么都做，也可能什么都做不好，做再多也没用。

二

所谓志业，矢志于此，立志于此。达到这种境界，我觉得最为重要的，是我们更需要以自己为理由，而不是做不好什么事，都怪别人。

我曾经跟某地的一个老师交流，他要评特级教师，他的一个副校长跟他一起去参评，结果副校长先被刷了下来。然后副校长就发了疯一样地挤兑他，最后他也被刷下来了。他很郁闷：怎么会摊上这样的副校长呢？命苦啊。

我觉得，这不单是他命的问题，还是由于自身不够强大。第一个不够强大，是指成就不够强大。如果你的成就引人瞩目，别人就没办法跟你争。第二是性格不够强大，如果你一个箭步抓住他的脖领子，"我豁出去不评特级教师，你再这样我要反击"，你敢说这种话吗？由于懦弱，我们总是抱着侥幸心理，总是希望有人来帮——话说回来，一个天生就是如此的人，也是不可能立刻变得强大起来的。

其实所有的挫折，所有的强大，所有的不幸，我们都不要在别的地方找理由，先在自己身上找理由。比如，我就是在自己身上找理由，对自己矮个子的心结就释怀、习惯了。并不是我觉得矮个子很好，跟一些玉树临风的老师在一起的时候，我肯定会很羡慕他们。但是，羡慕别人不等于要贬低自己，我只是在自己身上找到了悦纳自己的理由。

同样的，作为一个教师，一旦找到这个理由，你所有的课堂，教学方式就会逐渐有自己独特的魅力——甚至结巴也会有结巴的魅力。很多本身是结巴的演讲家，他们的演讲特别"善于"抑扬顿挫。所以，你一定要在自己身上找理由，找到依据，找到自己发展的前景。

三

以教育为志业，我们还要把读写作为一种生活的常态工作来做。

很多老师在一门心思研究课堂，研究怎么能把课上得更好，比较少心思花在怎么写得更好上。

说得比写得好，换一种方式就可以把说的优势凸显出来。有很多人说得很好但没办法写出来，那记下来就可以了。现在国外有一种新的促进孩子写作的方式，叫口写的方式，就是让孩子叙述，然后记录下来。不要一开始就让孩子写书面作文，而是口说作文。孩子口说的时候更生动、更丰富、更独特，更没有畏惧心理。有兴趣的老师，可以试一试，一定有意想不到的效果。

对教师这个职业来说，我们的生命化教育一直在很用心地推动，使你变得"更厉害"。

四

以教育为志业，一定要以实践为路径，就是不断磨课，不断磨自己，不断折腾。

我强调的是反复实践，你要去琢磨，每天都要去想，睁开眼睛就要去思考，要把教育这件事情变成你生活中最重要的思考对象，你会发现——所遇到的一切都会转化成教育的资源，都可以对你的课堂、对你的学生、对你的教育写作有帮助，这叫"身剑合一"。从技术和修养方面多维地兼收并蓄，你最终会发展得更好。

作为教师，我们应该诚恳而热情，质朴而善良——这是带着理想主义色彩的美好的教师形象。

教育要回归到人性起点

一

　　我曾经跟一位校长聊过这个话题：小学教育中出现的问题，都是人类的问题，也是人类最核心的问题。教育、学校、师生间的交往、具体的课程等只要存在，其所涉及的这些问题就都会持续地存在。

　　所以，在小学阶段，孩子能记住的往往都是老师对他的爱、对他的情感、对他的态度；到了中学阶段，孩子表现出的是青春的理想与激情，对生命的觉悟与启迪；到了大学阶段，则更多关心学术上新颖的观点，独特的见解与一种生命的立场；到了读硕士博士时期，他们可能会对导师的研究方法、所拓展的领域、具体的文风、价值观等这些东西感兴趣。

　　从教育方面而言，有时这些东西我们会混为一谈，比如说小学也要高效教学。说实在的，究竟有没有"高效教学"，我非常怀疑，因为它跟人成长的阶段性是完全不符的。一个人成长的速度，有些速度是被限定的，就像公路一样，有些地方限定开 20 码，有些地方却可以开 40 码。人的生命成长，它不是受外在限制的，而是受内在限制的，所以我们不能单纯地追求速度。作为学校、作为教师，要从儿童的特点出发，采用适合的教育方式，才是合情合理的。而且，"适合的教育"一定比"高效的教育"更加遵循人性的特点。

什么是"适合的教育"？如果你想要往"高效"上思考，你就会更多地往方法、策略、训练，以及各种奖励上去考虑。

但是，如果你想的是"适合的教育"呢？你一定会去研究人的特点，研究学生的家庭背景，研究最适宜课堂的氛围，研究活动的形式，这就是完全不一样的方式了。你会发现，"适合的教育"速度就慢下来了。

比如，今天为什么孩子们都无精打采的？无精打采是什么原因？或许是天气太热了？又比如，今天孩子们很兴奋，太阳出来了，空气非常好，大家到外面的树下上一节语文课，好不好？肯定很好。

但是，如果你想追求"高效课堂"，能不能在树底下上课呢？肯定不行的。树上飞过一只鸟，孩子会分心，走一下神；远远地，来了一位光头老师，孩子会好兴奋。这很低效的，但是它是情境，追求情境，就不会追求操作。这样的操作需要你全神贯注，它要废寝忘食，要加班加点，要忘乎所以，它追求速度与准确性。但"适合的教育"是回归性的，它会回归到人性，回归到儿童的特点，回归到在地性。

所以教育所采用的方式是需要追问的，比如你提出了某个教育理念，其依据是什么？实际上这个依据既要符合教育的特性，符合人性，符合教育发展的阶段性，又要把问题建立在对人研究的基础上，始终有一个具体的人，有一个又一个具体的人。这才是教育的厉害。最终，老师们会像苏霍姆林斯基说的那样，一辈子有无数的学生的案例，而不是只有一些操练的方法。比如，你能记住多少学生的名字？你教过多少学生，是否还能记得他们的名字。如果能，你就变得很厉害了，因为你真正做到了"心中有人，目中有人，口中有人"。这就是基础教育的一个特性，它不仅讲操练与操练技术，同时它还需要回归到人性。

二

教育中的很多问题，都需要有回到教育本身去理解的态度。

在我看来，对教育的思考上，有一个前提就是，我们要相信，遗传是具有决定性影响的因素。遗传从大的方面来说就是人性。比如我有一些朋友三十来岁就开始发愁，然后头发也掉得越来越厉害，通过了解得知，他们家的长辈也是这样，我就劝这些朋友不用发愁了，就算想再多的办法都没用，因为这是遗传。头发的问题大家可以看得到，但还有很多东西是看不到的。

一个人的很多优势，其实并非都是后天习得的，而是遗传，遗传是具有决定性的因素。遗传，虽不是全部，但它决定生命中最长或者是最短的东西。一些最为显著的东西往往来自遗传。在教育中，不要一说遗传就觉得这是一种消极的东西，我觉得它是积极的——这样你就能很公正地、很有信心地、充满热情地去接纳一个人与生俱来的禀性与特点，这很重要。这就是很多人说的"我为什么像母亲，不像我父亲""我天生就是这个样子"。

我特别强调，在教育中，越是低年龄段的教育，越要顺应人的禀性。其实，小学生的觉悟能力是极低的。老师希望他觉悟，"怎么我跟你说了六遍还改不过来""我都跟你说八遍了，你怎么老是不听呢，那个周同学我说一遍他就听了"……这时候，你会觉得周同学很聪明，而那个同学却很笨，其实不是这样的。也许你已经说了五六遍，但他没有一点印象，是因为他不注意听——老师说的别的事情他都记得，为什么这件事反而记不住呢？

这是有道理的——因为他真的听进了他想听的东西，而他不想听的东西却没有听进去。这不是选择性听，选择性是一个人的主动选择，而这是自然选择，这时他的觉悟还没有到来。比如有些老师觉得某些方面学生一直改不了，其实是他真不觉得这是个问题。

三

某研究报告公布过一条最坏的消息：一个孩子在 16 岁之前没有自我改正错误的能力。这个消息对小学老师与孩子父母打击很大。

有时天天讲也改不了的问题，其实需要改变一下方式。我们只需像等钟摆一样，任其摆来摆去，一直到他 16 岁的时候，或许什么问题都可以解决了。

如果教育要往人性方面走，自然就要想办法。因为学生越多越复杂，你哪有耐心跟每个学生谈心？你哪有耐心去观察每个人今天怎么样？一百多个孩子，哪有精力全都去关心呢？不管心情好坏，都是那句话：都给我坐好了，开始上课了。

我看过一部名字叫《女王》的英国电影，片中讲到伊丽莎白女王在戴安娜去世之后对王储的态度，有一个细节很有意思：

> 首相布莱尔帮助女王渡过了危机，而后觐见女王，在他出来跟女王散步时，女王问了他一句："在你任第一任首相以后，你第一步最想做什么？"布莱尔回答："想办法，大量增加学生与老师的比例。"

这是常识。比如学科教学，它里面涉及专业，涉及人性的东西都是常识。你只要仔细去想：一个人生一个孩子与生六个孩子会一样吗？太不一样了。我有个朋友，他妈生了九个男孩。那晚上怎么知道谁回谁没回呢？他妈妈都是一、二、三……这样数的，如果少了就去找，草堆里一个，地里一个，猪圈边一个……这就是自然的方式，这就是一种常识。

我在《我们低估了教师这个职业的难度》这篇文章里说，最理想的基础教育方式是"一对一"，甚至是"多对一"的。从知识的角度来说，它是"一对一"或"多对一"；但从学生的活动来说，它又是另外一种丰富的状态。说到遗传，其实它核心的内容就是关于人性的，就是讲人性的普遍性。作为一个教师，恰恰最需要去思考的——"一个人为什么会长成这样""为什么他会这样思考""为什么他怎么都教不会""为什么有的人那么容易教，有的人却那么难"……我们要用积极的态度去对待这些常识。

有次我去中原一个省份，看到某小学一个班级有90个学生。面对这种情况，老师该怎么教？其实每个班上都会有各种各样的学生，大概分这几种：有的是怎么都教不会的，有的是现在不会以后会，有些是语文会数学不会……总之很复杂，如果用考试方式，就会特别打击人。

比如考试的倒数第三个人，这次是他们，下次是他们，下下次还是他们。作为老师，可能会想：这三个人是不是我的仇人呢？是不是专门和我作对呢？每次班级被他们拉后腿，确实让人很生气。但是，如果你用人性的教育方式，就不会这样了：某位同学上次考 32 分，这次考了 26 分，你心里很着急。再往前看，他原来才考 5 分，后来考 26 分我们都很高兴，我要找他好好聊一下，到底是什么原因。所以小学教育只能用人性方式来做的，而不能按你想把他教育成谁来做。

四

我的大学老师都不曾想到我会成为现在的样子，人有很多潜在的能力，还会面临各种际遇，各种偶然性，或者说各种能力还未开发。并且人那些内在的智慧，谁都无法看得出来，哪怕你是火眼金睛。

世界上有三种人看不出来，一种是圣人，圣人看起来非常平常，看不出来他的深度；第二种是大奸大恶之徒，太厉害，会隐藏；第三种是儿童，可塑性强，也看不出来。

对于一个小学教师而言，过了十年之久，现在你那些学生的样子跟你那时所想是一样的吗？过了二十年之后，你班上的学生跟你当初看到的还一样吗？由此可以推导出一个普遍的原则：作为小学老师，更要遵循人性的原则，要按照人性的方式，而不是遵循所谓的具体考核目标，你只能这样做。

比如到饭店吃饭，你不能为了速度，一味说"快一点"，好比你要烤一只"光明乳鸽"，它也是需要一定时间的，15 分钟就是 15 分钟，少一分钟都不行。它有一种内在性，我称之为普遍原则。

从某种意义上说，教育的难处恰恰就在这儿。

在我看来，小学教育存在的真正困难不在所教的知识上，而在于怎么把课堂变得极具吸引力，怎么能够更多地去理解人性的普遍性与特殊性，怎么能够花更多的时间在研究儿童上。现在的教育，让我们很难去做儿童的研究。

原来做老师的很多人，后来都离开去别的行业，并且做得非常好，因此就有人说"教育行业埋没人才"。其实并非如此，而这恰恰是教育的核心。一个能够当班主任的人，理论上可以当一个国家的总统。这些在人性方面，道理上是一样的。

这个例子也说明了人性的基本道理。其实，从管理一个班级到管理一个国家，道理是一样的。所有的老师都是人才，他们有演讲能力，有组织、调整的能力，有临场处理各种困难危机的能力。虽然这个职业具备很多优势，但往往都被人低估了，没有人能够这么细致地去观察一个班级，一个老师每天所做的工作。大多数老师都能说会道，哪有老师给学生讲课时拿着稿件的，只有没有当过老师的才会拿着稿件。

五

我经常琢磨人，不是人们说的"多琢磨事，少琢磨人"的"琢磨"，而是研究的意思。一旦看到一些很厉害的人，我就忍不住会想：有哪些因素影响了这个人？或者说他性格里有哪些过人的特征等。

有一次，我遇到一件很好玩的事情：A 同学和 B 同学关系特别不好，彼此看不顺眼。但是，他们有一个共同的朋友，是 C 同学。我认为他们两个人其实有内在的相似性，他们都喜欢 C 同学，这恰恰是他们身上共同的特征。因为相似的人更容易充满敌意，所以 A 同学和 B 同学就不是好朋友，但他们又不约而同地与 C 同学成为朋友，却彼此都不知情，这就是人性的秘密。

作为一个教师，我们需要在儿童的研究上下功夫。一个人怎么会这样？为什么有这样奇特的思维方式？遇到某种情形，他是如何判断的？……关于这类问题，我更多地会在家庭上找原因。

一次我在深圳火车站坐电梯时，老远就听到一个孩子在大哭大闹，于是我问同行的一个老师，是否能从哭声里听出来这孩子是谁带的，她说听不出来，我断定这是爷爷奶奶带的，或者是爷爷奶奶与父母生活在一起，三代同堂一起带的。如果孩子是爸爸、妈妈自己独立带的，就一定不会这样哭。我们出了电梯后，果然见孩子不要妈妈抱，而是要爷爷抱。

这就是秘密，如果孩子在无原则的溺爱环境里长大，就不会顾及他人，不会顾及场合，眼中只有自己。但如果是父母带的，哪怕父母没有文化，也是有原则的，在孩子做错事情的时候，马上就会批评。与我同行的老师说："哎呀！我的孩子也是这样哭的，平时都是爷爷惯出来的。"教育的奥秘如此之多，要发现它，多么难啊。

有人问一位作家型老师：你写了那么多书，是否会觉得很辛苦？客观地讲，如果一个人在处于真正热爱研究教育的状态时，他是感觉不到辛苦的。并非做这些事情不艰辛，而是因为在这些研究里会有发现、有洞见，有因研究人的秘密而产生的豁然开朗的体验，这是最能打动人心的关键所在。

什么叫职业倦怠？它往往就因为你一直在做重复劳动，做老师一年、两年、三年……而后你就会发现，在阳光下没有新鲜的事情。但假如你一直在对一个又一个学生做研究，你就会不断发现人性的多样、丰富、独特与无法穷尽，每一个人都是非常生动鲜活的，与学生的任何交往都会让你获得启迪。哪怕就是坐一趟火车，偶然与一个人相遇，或是跟一个人去买一件东西或交谈，都可能会让你得到意想不到的新发现。

其实，这就是专业意识——你所见所遇所想，都会朝着理解人、理解复杂性、努力窥见事情背后的真相方向发展。在小学教育里谈人性，有时你就会明白不能用成效来作结论，因为成效不是马上就显现出来的，它不是马上就可以看到的，有些成效不能在这里看到，而是在别的地方看到。

六

作为一个基础教育的老师，要按普遍的原则去做，要有基本的方式，可能在教学能力上你会有些缺陷，但某些素养不能缺。我在杭州参加"千人万课"活动时，听过上海的朱煜老师上课，他听学生叙述时特别有耐心，他不会忙于纠正学生，而是让学生自己纠正。而有的老师一听到学生结结巴巴，就会替学生说；有的老师听学生话语重复，就替学生删减……他不会。

我想说，作为一个教师，无论性格怎样，你都需要有一种专业的耐心，一种专业品格，而不是教师的个人品格。为什么说专业耐心很重要呢？学生明明错了，为什么不马上纠正他呢？也许纠正了，他们马上就会改过来。那是因为我们老师没有明白：真正的成长都是内在性的成长。——你纠正了他们，并不等于他们真实地成长了；但如果是他们自己纠正了，那就是一种真实的成长。有时被纠正看起来好像很快捷，但这个"快"恰恰是很慢，是你让他"慢"的，他自己真正领悟到了应该怎样，这才是快。

所以，如何评价学生？我们评价的依据又在哪里？有的是天性，有的是成长的环境影响。我在做家庭教育咨询时，有家长会问："孩子做作业很慢，吃顿饭也慢，怎么办？"我说不着急。我们经常会担心："现在孩子吃饭都这样，以后怎么办？"但是我们不要忘记，人是会成长的。人的成长不一定是线性逻辑，你现在这样，将来会那样。人到了一定年龄会领悟、自省：唉，我做事太慢，不能太慢了。另外，还有任务驱动。比如今天坐早上8点的火车，7：40，你一定得到那个地方，这就有任务驱动了，这就是一种责任。

在小学教育里，我们要避免这样的思维：孩子现在这么差，以后一定会更差。其实教育不完全是这样的。也许有人会说，依这个逻辑，那就没有改变的必要了。其实在我们的教育里面，需要有这样一个意识：多讲故事，少讲道理。因为故事是让人去慢慢领悟的，而道理是直接让人去接受的，讲故事肯定好于让人生硬地接受。实际上，每一个人都会从故事里读出一个"我"来。老师只要多讲故事，就能让孩子得到启迪、反思，让孩子逐渐变得越来越聪明。我相信的是温润而缓慢的影响。

故事可以启迪人，引发联想，并转化成另外一种思维。老师讲故事，要随时随地讲，要能信手拈来。我们要经常这样想，今天我们培养的人要有故事力。故事力，也是教师需要具备的一种非常重要的能力。而这些，恰恰都是基于人性的。人的天性里，就是喜欢故事，并能从故事里得到启迪的。

保持一颗伟大的童心

一

这些年，我们时常会谈到教师的倦怠，其实不单教师这个职业会有倦怠，当然，谈教师的比较多，让人觉得教师这个职业是比较容易倦怠的，这也可能是对的。我就在思考，实际上对教师而言（对每一个人而言），保持天真才是最为重要的一件事情。

我在厦门开了一个民间的研讨会，名为"一年级很重要"，我在微信圈也发了，有些朋友就留言说：每个年级都很重要。

我知道，他们是非常不了解才这么说的。他们不知道，"一年级很重要"背后蕴含的意义，因为没有任何一个年级比一年级更重要。在我看来，在一年级，人才有了真正意义上的第一次精神断奶。

人生有多次精神断奶，而一年级孩子成长的复杂性，对教师、对学校、对教育形成的挑战，是极其大的。比如在厦门我们聊了一个关于"孩子很不听话"的话题。如果没有我们"一年级很重要"这个活动（"一年级很重要"背后是儿童中心，是儿童本位，从儿童立场思考问题），面对孩子很不听话，你或许会认定只有一个理由：就是孩子不听话。但如果要去研究，你会发现，有千百种的原因使他不听话——也许他的父亲就不听话，也可能他的爷爷不听话，也可能他的家族都不听话（在我们农村是可以看到家族的，城市看不到）。如果有个孩子长得"歪歪的"，基本上他父亲也是"歪歪的"，这都是可以看得到的，这只是其中的一个原因。

<h2 style="text-align:center">二</h2>

其实从孩子生下来，几乎每个月我们都会看到他们的变化。这个变化是由内在性推动的，是生命本源性的力量所推动的。

实际上，本源性的力量是由人类造就生命、人类自我成长并适应这个世界所形成的不可变易的规律所推动的。在孩子非常小的时候，你可以很清晰地看到生命本源性的力量在改变他，在影响他，在决定他。但是随着孩子慢慢成长，你对他可直观的内在性认识会越来越模糊。

所以到了小学，你会发现：有的孩子不哭，有的孩子很会哭，有的孩子对学校充满畏惧，有的孩子打针的时候非常勇敢，有的孩子打针的时候哭得一塌糊涂，只要知道今天打针，昨天就开始哭了……我们或许会把它看成一个道德问题，认为这孩子胆小，其实这就是不正确的道德评判。我们很少会想：最勇敢的孩子是没有痛感或痛感比较弱的，而胆小的孩子是最为敏感的，这是他们的身体因素决定的。

这一类的问题，我们很少深入地、专注地、负责任地去思考。所以说，我们怎么能够做老师呢？

读完大学的人，教一年级的所有知识都是没问题的，就算闭着眼睛去教都没问题。我大学毕业时，曾经有机会去教育出版社当编辑。那时（20世纪80年代），教育出版社就编小学的书。我心想：编小学的书，这么小儿科？我华东师大中文系毕业，就编小学教材练习册？

我真的小看它了。我现在要成立"一年级研究中心"，要研究一年级，研究幼小衔接、小幼衔接，要研究一年级所有的问题，包括一年级的第一天入学，也要依照"儿童中心"来思考。

这本身有我们对知识、对生命、对人的好奇，但同时作为一个教师，真正的厌倦不是职业带来的，不是职业的难度、繁琐、琐碎带来的，都是自己对生命丧失热情带来的。一旦丧失这种热情，不但会使课堂变得极度乏味，教师的谈吐、穿着、面貌，以及与他人的关系、自处能力都会发生改变。当我们厌倦的时候，是对自己生命也厌倦了，对所有的一切都厌倦了，生活里再也没有诗意，包括阅读、行动、思考等，这一切的一切"与我有何意义呢"？

作为教师，我们是绝不可以放过任何问题的，这样才堪称教师。就算你能把教过的孩子送到北大、清华，那又怎么样！其实，那只是其能力非常小的一个方面，但始终保持天真与好奇的人，恰恰是那些会想到更远的人——会想到人的一生，想到各种可能性，他们不会轻易地对人作判断，不会轻易地对人盖棺论定。他的课堂，才真正是宽阔的课堂，那里有星辰大海。

教学的情感起点与学业起点

一

有一次我在青岛讲课的时候，有位初中老师跟我说，她对学生特别好，但学生成绩总是不大好。于是她就自我反思：是不是因为自己对学生太好了，所以学生考不好？当然，有时候对学生太好了，也会导致学生学不好。

但实际上在某一个阶段，我们确实不应该把"考得好"作为评价学生成长的最核心东西。比如，老师对学生的善意、诚恳、热情、耐心等等品格的影响，一方面它会成为学生一生的榜样，这是考试成绩所不能体现的。另一方面，学生可能很压抑，但看到对他们好的老师，学生会有一种松弛感，从某种意义上说，这会影响到学生的学习。

作为教育评价，它们有很多工作是我们需要还原到事物本身上的，而不是只讲那些普遍的大道理。

记得 2018 年时，合肥某女老师为等迟到老公而扒高铁门，这个事件的影响非常大，有很多人在网上骂她，把很多情绪都发泄到这个所谓"低素质"的老师身上。实际上，更重要的是，我们先不要对这件事做定性评价，而是要去还原一下事实，没搞清楚前，就先去指责别人，难免会有自以为是的嫌疑。

事情的真相是：第一，这位老师在赶高铁时就知道火车晚点了 15 分钟，如果没有晚点，乘车就来不及了。第二，一家三个人排队的时候，她和她女儿过了检票口，她老公就晚了十秒钟（跟在后头），但就不放他过了。结果她进去后工作人员叫她上车，她不上，因为老公还在外面，她的身份证等证件都在老公身上。在这一瞬间，她大脑失控了（打个电话，一分钟就可以搞定，那时还有五分钟呢）。

我认真看了视频，工作人员没有一个耐心听她说完的，但这位老师有没有问题呢？肯定有问题，她的思维方式也大有问题。

实际上，解决一个问题有很多种方案，但她选择的是一个最极端的方式——不让车开。但是，在今天这种网络暴力下——没有人会去关心真正发生了什么，也没有人同情、理解一个大脑失控、丧失理性的人的行为能力。

二

有时，就考试而言，从某种意义上，教师只要按正常方式教学，哪怕不排名，你也知道学生会考得怎样。可能你就是教不过某些班，但是你会觉得这是一件很大的事吗？也许你的学生是比别人考得差一些，但是这并不代表他的未来一定不行，甚至有些考得不怎样的学生出去后或许发展得更好，这种情况是有的，因为成绩不是决定性的因素。

另一方面，也许你教了十几年成绩从来都没超过他，这又是一个事实。但我想说的是，这个差异是自然的差异，也是能力的差异，但不是决定性的差异。如果我们将学生考试成绩的排名全都公之于众，那将是灾难。"我要去某某老师班，不要上某某老师班"，这就有问题了。这是一种自然的平衡，会让人理解到这就是教育的生态——有的老师教得更强一点，有的老师教得弱一些；学生们有的学科更强一点，有的学科会弱一些，这些都是很正常的。

但如果用社会评价来看，它就是有问题的。应试教育的麻烦在于：它把成绩变成唯一的评判标准，这会让社会各种矛盾激化，比如所谓名校的产生。

当时我读书是在乡下中学，连县城的学校都没上过，也不见得我们学校就不好——上清华、北大的都有。那时没有人想把孩子送到县城，这是很自然的选择。但现今排名盛行，学校就被分化了。一旦学校分化，一些社会问题就出现了："为什么你的孩子可以上好的学校，我的孩子不能上呢？"这是不可能完全平衡的。

再者，今天发生的各种非教育性行为、非职业性行为，网络会把这类问题进一步放大。如前述某教师扒高铁门事件就是这么一个错误。有人说那个老师长得眉清目秀的，不像一个很偏执的人。从长相来说，她是一个很清秀的老师，但人有时会失控，会失策，完全是在不知所措的时候，选择了最糟糕的方式来处理问题。

之所以提及这个例子，我想要说明的是：我们在对教育工作，对学生的行为，对教师的评价，以及处理各种社会问题时，其实背后都有一个词叫"职业理念"。

职业理念最核心的内容就是成熟，是用一种更理性、更成熟、更克制的方式工作的职业从容感。很多年前我就提出，做教师，需要有很强的边界意识。这只是我的一些想法，它不代表教育局，不代表我们今天的主题。

但同样一个班，始终考得这么好，有时也会让人产生怀疑的，他们到底用了什么方式，才能总是考第一？这种方法本身也是值得怀疑的，其实他们和别人的差距也不是那么大，但却总是考第一，也不见得做法都对，因为考试真的是有手段的，用反复操练的方式，是可以做到让学生考得更好的。对孩子未来的发展来说，这一定是有大问题的。

所以说所有的评价，都应该是一种更客观的评价，应该是一种更开阔的评价，应该是一种考虑生命性和未来性的评价，这就是奥秘。

三

据说在某些国家的学校里要想做校长，需要年满50岁，这么做大概是有道理的。这时人追求荣誉的想法会渐渐淡了，就可以好好做校长，也不用老想着创新了，前任校长怎么做你接着怎么做吧。

这是符合小学教育规律的——它就是按部就班，甚至因循守旧，在这里它们都不是消极的词，而是指遵循规律。按照原来的规律，按照普遍的规律，按照人性的规律，接着这么做，这叫守本。守本比创新更为重要，尤其是在基础教育时期。

所以，小学教育的问题都是人的问题，所要遵循的都是一些普遍性的规则。今天很多人在怀念"中师一代"，当时的中师生都是非常好的初中生，无论是读三年还是读五年，都是按照小学教师的标准培养的，素养是平衡而又全面的。

从我交往的朋友来看，很多优秀的教师大多数都是中师生。这有一定的道理，一是本身素质很好，二是量身定做，而后又有明确的人生目标与职业目标。

上次，我跟一位在德国做老师的朋友交流。我就问她德国是怎么培养老师的，德国的学生到了高中以后再选择，如果想当老师，就要选择教育类的大学，而不是走投无路了才去当老师。现在我们的很多毕业生都是没办法了才当老师，所以他们很容易对教育抱有怨恨、纠结与痛苦。而德国不同，想当老师就要去读教育类大学，读完本科，接着要读教育硕士，出来后有两年的实习期，检测合格后，才能成为终身教师。

之所以讨论这些话题，是因为我想跟大家一起思考：用什么样的方式培养教师会更好？作为一个教师，我们需要思考：自己的短板（不足）在哪里？这种思考，对自我改进非常有用，因为真正的学习（最核心的）都是自我学习——我要如何改进？我什么地方可以改进？

我认为，教师的起点有两个方面，一是情感起点，一个是学业起点。原来的中师生这两点都达到了，他们经过专业的训练，有强烈的职业认同，并且还有良好的素养。

教师的专业成长与生命成长

一

职业认同度是非常重要的一个话题，在很多职业中，都会有人说到职业倦怠与职业厌倦感。职业厌倦感其实跟重复与辛劳有关系，跟人们在这个职业里看不到别人所期待的前景有关系。

但是还有另外一个因素，就是它跟认同度也有关系，认同度越高，对这个职业的理解力才越强。

其实作为教师，其工作就是要不断地重复，每天都有创新不太可能，我们做的就是需要不断重复的工作，因为其基本结构是很相似的。我对小学教师曾经这样描述：他们就是在整天跟"小人"打交道，一天到晚在做小事情，只对一小部分人有影响，并有一点点小成就的人。简称"我们都是四小人"，这是他们的工作常态。

当我们进入到幼儿园或小学时，就能理解这里的老师的人生不会跌宕起伏，没有谁指望幼儿园或小学教师生涯会跌宕起伏，它是很常态的。其实从第一天开始，你就可以看到临近退休时的情形，因为你做的工作是一样的。

有时在小学做一个教师，难度就在这儿——不再有挑战性、不再有新鲜感、不再有惊喜，而且你会越来越疲倦，越来越觉得老生常谈，越来越容易按部就班，越来越觉得生活平静如水，十几年里见到的同事都是那副面孔。我们彼此会长得越来越像，交流的话题会越来越窄；会越来越容易为非常小的事情感到惊喜，因为生活中没有那么多大的事情，所以只能为小事情感到惊喜。

这时有人就不免产生怀疑：我为什么要当老师呢？选这个职业是不是错了？而且，你的学生里面有的人很有出息，成了伟大的人物，但是你又不能说"这个学生是我培养的"。

有一次由于我说了类似的话，就把一个老师给得罪了。她到陈鹤琴最早办的幼儿园考察，在墙上看到作家三毛的照片时（三毛在那所幼儿园上过），她拍了照片发了朋友圈，还很得意地说："这个幼儿园还培养了三毛。"我说，说幼儿园培养了某个名人不恰当，在你这里最好也不要贴上过幼儿园、后来成为名人的人的照片。没想到这位生气了，认为我什么都看不惯，然后就把我拉黑了。

后来我一直很想跟她当面道歉。我也思考：三毛后来之所以成功，真的的确跟幼儿园没有太多的关系，倒是跟她初中的生涯关系大得多。

二

9岁到13岁的这个阶段,孩子的尊严很重要,不能伤他的尊严、面子,不能当众批评,更不能当众体罚;否则其心灵受到的伤害是永远都没有办法修复的,这个伤口会一直无法愈合,然后会慢慢地、不断地重复疼痛,而且极有可能会严重影响他的一生。实际上三毛就是这样的。

从学科能力来说,三毛是偏文科的学生,她数学很差,一直考不好,但是她很聪明,会去研究老师的命题规律,她发现老师的命题大都跟做过的练习及课后的作业有关系,所以她就提早做准备,连着几次都考得非常好。

一个原来一直考不好的孩子,突然一下能考好了,老师会对这样的学生产生怀疑是正常的。老师一般会多疑,因为有时候他会觉得某个学生看上去不像能考100分的,可怎么就考了100分呢?而有的应该考95分,怎么才考50多分?老师很容易依据孩子的相貌、行为、家庭背景作判断,这个可以理解。因为教师也许有这种能力,通过看一件事情就预知一个人的人生,他们很容易把自己当成一个算命先生。

三毛的这个老师就想出一个办法,他把三毛请到办公室,另外又出一个题目考了一次,结果这次三毛考得一塌糊涂。老师很生气,认为自己抓住三毛作弊的把柄了,就要惩罚她,好像这种调皮的学生,不严厉惩罚就达不到教育的效果。我的堂伯惩罚他儿子时,每次都把他拖到学校门口去,让全学校的人都知道他挨打了,所以打一次就够了——别人的眼光是最好的武器，我堂伯是这么做的。

我堂伯这么做，因为他没有受过什么教育，但是三毛的老师也是这么干的，给三毛画了一个黑眼圈，班上的同学都知道了，但是学校其他师生不知道，老师就带着她在全校走了一圈。所有见到她的人都好奇，最后大家都知道她是"考试舞弊"，被老师抓个正着，因此才被画了黑眼圈游街。

受了这番羞辱后，三毛回家就哭，但是她又不能当父亲面哭。有时候孩子在学校受了委屈挫折，而且这些委屈挫折是来自老师的，就更不愿意在父亲与家人面前表现出来。因为家人都觉得你很不错、很优秀，或者家人特别期望你不错、优秀，结果没想到因为考试舞弊，让老师拉着游校一圈，所以她只能偷偷地哭。

在西方电影里面，当一个人发生了不幸以后，来安慰的人不会说"不要哭，节哀顺变，顺其自然"，而是会给予拥抱，并让你把脸放在他的肩膀上尽情地哭。实际上，"哭出来"是一种很好的治疗方法，也是一种宣泄。最怕的是，你哭了人家还不知道你为何哭，你哭了还为哭感到羞耻，这样可怕的事情就发生在三毛身上。

结果第二天上学，三毛刚走到走廊，突然想起昨天的遭遇就直接晕过去了，从此就再也没有上学了，后来在家里偶尔想到上学被羞辱的经历也会晕过去。有时候她跟家里人一起吃饭，心情不好时，就独自吃饭，连家人都不愿意见。家里人给她请一个画画的老师，偶尔她会见一下画画老师。过了几年，她写小说、画画，都很厉害。

当时台湾有位作家叫陈若曦，三毛把自己的作品寄给她，陈若曦一看十分惊讶，觉得这个年轻人太了不起了，于是她就把三毛推荐给当时正在筹办台湾中国文化大学的校长。校长看了也觉得很不错，就约见三毛，并对她说，想来我们学校读什么专业都行。三毛说："我还是想读哲学，我想知道我为什么这么痛苦，我怎么才能不这么痛苦。"

这些故事都来自三毛的传记，都是真实的故事。但直到最后她也没有解脱痛苦。童年所受的伤害往往是能够伴随一生的，它在那里一直发酵，一直疼痛，不断地成为生命的陷阱，这是一种情形。还有另一种，有时候这些伤痛看上去好像被治愈了，其实只是伤疤已经被覆盖，但是这个有疤的地方是不能碰的，一碰就痛。一说到这种事情，这种遭遇，或者一旦再有这样的挫折，旧伤就会立即发作。

实际上，这样的疼痛感或者这种耻辱的记忆，会成为一个人生命的某一种色调。我相信三毛生命的色调是很晦暗的。当然，她的遭遇并不是压在她生命里的最后一根稻草，压死她的最后一根稻草是荷西（她的先生）。荷西的去世，让她的生命迷失了方向，但她生命的底色跟她童年的遭遇是联系在一起的。

这些都是教育中比较典型的失败案例。它们随着时间的推移，原因是可以被找到的。比如在今天，某个孩子受到老师批评转身去跳楼，可能是这个老师伤害了他。但是，有些事情是过了很多年以后才发作的，甚至当事人也顺利度过了一生，但不等于说那些事情、那些童年的黑暗记忆就过去了，其实很多伤害就像树上的疤痕一样，无论这棵树怎样不断长高，那个疤痕都在树上。有时候强风吹过来，最容易折断的就是曾经受伤的那个部分。

三

教师这个职业，职业认同很重要；职业认同，又跟童年的一些记忆有关系。比如，你在童年遇到一位特别好的老师，你会觉得自己在这位老师身上看到人性的真善美，看到作为教师的动人的光环，你内心也会渴望自己能成为他那样的人。这是受到生命的感召力，实际上这种感召是很重要的。

我曾指导过河南省中原名师的一个写作出版计划，参与该计划的人，大部分都是来自比较贫困的家庭，家境贫寒，他们很少出身教育世家，或者父母受过很好的教育。我发现，他们身上有三个特点：

第一个特点：他们特别受父母疼爱，通常被视为掌上明珠。其实掌上明珠，并不是因为对未来有所期许，才把他们视为掌上明珠，而是指他们一直就被当成是掌上明珠，父母喜欢的就是当时那个流着鼻涕，脸黑黑的，脏兮兮的孩子。对父母来说，他们就是掌上明珠，所以童年时的他们得到了很好的关照。其中一个老师说，他小时候父母要去种地，家里没人照看他时，父母就把他背到地里去。有时候干活干累了，父母就不能背了；他慢慢长大了，也不能背了。父母要干活时，就拿一根比较长的绳子，把他系在田头的树上，在绳子可及的范围里面想玩什么就玩什么，但是他是和父母在一起的，他的呼唤父母是可以听得见的；他的快乐，父母是可以看得到的……这才是童年最珍贵的记忆。对童年而言，最重要的记忆不是关于财富，而是跟父母生活在一起。有一个相对美好幸福的童年，这才是后来他们成为优秀人才的一个情感的依据。

第二个特点，他们在童年的时候，往往会遇到一个老师。有的爷爷是一个乡村老师，有的是村里的某位老师给过他特殊的爱，所以这让他们觉得这个职业很高尚、很美好，也很神奇，其实教师身上都是有点神奇的。

我在《奶蜜盐》共读群里回答过一个问题，有一个家长说孩子在学校表现很好、很听老师的话，但回家后就不怎么听父母的话。其实很多父母都有这样的困惑，但我首先要肯定的是，孩子很愿意听老师的话，这再好不过了，如果倒过来就有问题了，非常听父母的话，但不听老师的话的孩子是很糟糕的。非常听老师的话，但不听父母的话，父母是要反省的：为什么孩子不愿意听你的话呢？

第三个特点，他们成为优秀教师是因为童年的时候，他做的事情父母没有过度地干预。比如看小人书、画画、唱歌，或者其他的爱好，没有因为他们做的某种事情没有意义，对学习没有帮助，对未来没有价值而去干预、否定、影响他们。父母很放任他们，或许是父母的文化程度都不高，因而没有想当然地就做判断，没有一定要他们如何地强制执行，所以最后他们成长得都很好。

从教师的视角来看他们的成长，让我心生感慨。他们这些人都是从小就想当老师的，从小就受到了老师的启迪，所以很多人都读了师范，因为受过这样的启迪，也因为家境相对比较贫寒，所以他们选择师范，同时也觉得当老师很自豪、很骄傲，再困难都会说服自己挺下去，然后慢慢地成为他自己。这种认同感本身就是我们克服很多困难非常重要的理由。

四

我的文章《我们低估了教师这个职业的难度》在网络上发表。文章的后面，大家会去留言，其中肯定会有正面的，也会存在有争议的观点，但是我这篇文章后面的留言，大部分都是表示特别认同的意思。认同的原因是，我说的都是教育的常识，有些困难被我们忽视了，或者你没有进入到这种状态里面，就体会不到这个职业的难度。

有人说，教师这个职业是有独立性和私密性的，而且它还是种持续性的工作，所以有时候现场是不可检测的。其独立性，就是指这件事情是由个人独立完成的，比如我们讲课，必须自己亲自来承担，别人不能完成；私密性，教室门一关，只有你一个人去面对学生，别人不可能一直在看你的课，就算拍了监控录像，也不可能每一节从头到尾看完；持续性，这个工作很难从中间截取一个片段来做工作评价，虽然有时候可以用考试成绩来检测，但是这种检测也不可能完全到位的。比如一个学生，他父母基本上没有受过教育，家庭文化非常匮乏，这个孩子考得不好就全是老师的责任吗？这是不好判定的。或者你带的学生家庭条件等各方面非常好，这孩子很好学、很聪明，然后孩子考了很好的成绩，难道这能说全是你的功劳吗？这些都很难判断的。

其实，更难判断的是这个职业的特点。你不能跟幼儿园争你培养出了谁，小学好像也不能说。我认识一位上海的老师，她是上海市徐汇区登高路小学的老师，这所学校出了一个很著名的人物，他就是——姚明。我相信，再狂妄的校长都不敢说"我们这所学校培养了姚明"，姚明只不过在这里上过小学。

说到底，我们所做的工作是跟家庭有很大关系的，是跟孩子的天分有很大关系的，跟未来也有很大关系。作为一个小学老师或者幼儿园老师，在某种意义上"只问耕耘，不问收获"，因为我们不知道最后会收获什么。我跟老师们讲家庭教育的时候，讲到我自己的阅读起点很低，小学毕业考试作文 25 分我才得 5 分，完全不懂怎么写作。那个时候老师看我的作文时，肯定不相信后来的我能够成为一个有写作能力的人。

我读高一时，数理化成绩特别差，三门功课加起来不到 60 分。最后我发现自己只能破釜沉舟了，因为我再也没有退路了。我突然间觉醒了——以前觉得自己挺聪明的，考完试之后发现自己其实是一个很愚笨的人。

人需要有一种觉醒。人一生有几种处境，一种处境是你遇到了重要的他人，遇到一个特别厉害的，特别独特的，能给你关键性帮助的人。但有时是重要的乃至可怕的事件，它带来的激发力或毁坏力，跟发生的时间有关，也跟个人觉醒程度有关。我觉得我重要的事件就是：高一数理化三门成绩加起来考了不到 60 分，这是最重要的事件。当然还有重要的时间，比如三毛 12 岁发生的事情，如果是在她 20 多岁时发生，也许它的影响力就不同；如果是 8 岁、9 岁之前发生，也许她很快会淡忘。但它们就是在她情感、自尊心最为敏感的年龄段发生的，这件事情在这么重要的时间里发生，对她来说是很麻烦的。

所以，每个人的成长都有重要他人、重要事件、重要时刻。

我们要反省一下，自己当老师有没有这些重要的因素呢？这些重要的事件、重要的他人、重要的时间，有时我会觉得这里有一种命运感。有的人会在特定的时间出现在你的生命之中，也可能是来成全你的，也可能是来毁坏你的，也可能要过了很多年之后，有一些成全才被你认识到，它是有某种命运感的。

五

这些年我特别关心教师的专业成长与生命成长，强调我们要去认识生命。因为我发现，我们所遇到的、说到的专业的问题，往往都跟我们对自身生命的理解有关。我们生命的很多状态会持续影响我们一生。

在我看来，生命里面的童年记忆、童年遭遇会持续地影响人的一生，所以我认为：童年的幸福是人生幸福的半径。有时候，童年的不幸也会成为人生不幸的某种因子。

这些年，我总会跟老师们一起去反省，一起去面对我们的童年，去寻找有哪些因素一直在影响着我们。它们在影响着我们的时候，我们还不知道是谁在起作用。我们总是容易在别的地方找原因，而不是从童年找原因，从自身找原因。

比如，人身上有很多东西，有的叫"生来如此的"，有的叫"长成如此的"。比如我今天的身高是生来如此，我今天的气质是生来如此吗？不是的，它是长成这样的。所以我说"生来如此的"往往是一种命运，"长成这样的"是一种文化。"生来如此的"跟你的家族、民族、父母、时代、地区，甚至小到跟村庄、城市都有关系。

我跟我女儿感慨：无论她读什么学校、读什么专业，以后千万不要找舒适的工作。这是我对我女儿的提醒，因为一个舒适的工作做三年之后，一个人就被毁掉了。

所以从应对社会的变化而言，我们一定要学会找更复杂一点的，更需要动脑筋，更需要跟别人建立关系的，更需要持续学习的，更需要有自己独立见解的工作，这样才会使你的生命始终保持一种学习的、思考的、应对的、自我提升的状态——这是何其重要啊！

有很多这样的老师，年龄很大了但仍葆有童心，相貌看起来很年轻，身体各方面也都很健康，他们很有趣味，很懂得生活，很享受自己的生活。实际上，这一切都是长出来的，这是自己成就的，只有自己觉悟了，才能成为这样的人，不是生下来就是这样的人。有时候"生下来的"总是有某种命运，命运有时候会成全人，有时候也会限制人。

但在这里面有一个关键的词，其实所有的好事或者坏事，我们都要有转化它的能力。有了这种转化能力，哪怕再糟糕的事情，我们也能从中得出经验，得出教训，得出智慧，得出才干，得出人生的某种独特的体验。

为什么有的人老是在一个地方犯错误，老在一个地方跌倒呢？那就是因为他没有转化能力，没有把经验变成智慧，没有把经验变成某种独特的能力与思想。就生命而言，我们需要有这样的一种思考力。

六

我近来常常谈"生出来的"这个话题，我们更多地要尊重它、接纳它、理解它。无论我们面对什么样的学生，有些东西是天生如此的，他就是这样的人，他生下来就跟别人不一样，比如，一个人很聪慧，或者很愚笨，或者能力总是有很多欠缺。从这个角度说，幼儿园老师、小学老师都更应该是真正的人道主义者。

真正的人道主义者，能够做到对所有的人一视同仁，能够做到对所有的人都充满着人文关怀，能够做到对所有的人都真诚以待。教师这个职业可以称作"无区别对待"，我们需要有这种情怀，虽然有时候免不了会对一些同学有偏心，但是偏爱是可以的，不能偏恨；偏爱是难免的，但偏恨是要克制的。

其实这都是常态，因为总会有各种各样的家庭，有各种各样的孩子，但就教师职业来说，有三种需要思考的维度：

第一种是法律的维度。我们要有非常明确的法律立场——什么事情是能做的，什么事情是绝对不能做的，哪怕你认为是为他好，你也绝对不能做。我们要特别谨慎，要坚守法律的边界。任何时候都不能因任何理由逾越它，不能以为学生的父母需要你这样承担，你就可以逾越。作为一个教师，虽然从情感上，学生有时候会说某某老师就像妈妈一样，但是这只是孩子对你的态度，而你却不能用妈妈的方式或者爸爸的方式来对待他，这就是一种法律关系。

第二种是职业的本分。职业的本分，更强调我们要用专业的方式对待孩子。作为教师，我们跟学生不要走得太近，不一定要跟学生做朋友。我们不是来跟他们做朋友的，而是来引导、帮助的，有时候是要约束他们的，有时候是要调教他们的。我们是专业人士，不是和学生有血缘关系的人，也不是一般意义上的朋友。他们可以在心中把我们当作朋友，但是我们不要主动跟学生做朋友。师生之间有职业的边界，该严厉的时候严厉，该和蔼的时候和蔼，这些都没有问题。

第三种要思考的维度是，除了专业和法律的边界以外，有时候我们还要做一些"明知不可为而为之"的事情。这个职业很艰难，有很多麻烦，你一直在坚守、一直坚持这么做，别人都不这么做，你还在坚守、坚持这么做，这是最难的。

夏昆，我四川的一个朋友，他师父跟他说，"你要想当一个好老师，首先要把《二十四史》都读一遍"。他真的花了五年左右时间，把它们从头到尾读了一遍。现在他又读了两遍，他已经把二十四史读了三遍。后来他成为"诗词大会"擂主，这不是没有理由的。

国外有一个教师，有一年被评为全州的年度教师，就因为他做了一件事情——每天用照相机给他的女儿拍一张照片，不间断地拍了18年。一个人能够做这么伟大的事情，他一定能够把工作做好——那种执着，那种深爱，那种责任感，那种从亲子关系里面体验到的美好，会让人感觉到：如果自己有这样的老师该多好啊。

当我从不同的维度看教师这个职业时，经常有这种感觉：当我思考人、思考人性，或者换一种思路再去看某些问题的时候，经常会有一种豁然开朗的感觉。今天，我会把小学教师看作"通识教师"，把高中教师看作"专业教师"。小学教师需要更丰富的素养，包括对儿童研究，工作中的技巧、沟通的方式、语言的表达方式等，到了高中，他所需要的技巧性跟精细化程度就要低于小学、幼儿园阶段了。

"生来如此"跟"长成这样",一方面让我们体会到命运的东西,另一方面又体会到了文化的生成。当然,做教育就难在不是我们不知道该怎么做,而是知道怎么做,但是很难做。

七

几年前,我到苏州参加一次中国教育报刊社主办的雷夫的教育专场。

雷夫在56号教室里教了30多年的五年级,他很了不起,他专注而充满激情,还有着克服各种困难的强大信念,最后他成为美国的年度教师。

雷夫的事迹我很熟悉,他的书我也看过,包括他现场讲的很多事情,我都耳熟能详。那天我的任务是跟雷夫对话,他说了一句让我突然间特别感动的话,一下子激起我与他对话的热情。他说他从事这个职业也有各种各样的困难和痛苦,有时候他想帮助那些底层家庭的孩子,但却无能为力。他不像中国教师,我们教师之间可以相互援助,他在他的学校很孤独,没有人跟他结成团队。

雷夫说他的一些同事简直不像教师,他们甚至会把学生关在厕所里打,因为那些都是底层黑人的孩子,有些老师会完全失控。有时候他也会面临束手无策、无能为力、孤立无援的状况,他不知道向谁求助,所以他只有在下班时坐在自己的汽车里面哭一阵子,有时会哭一个多小时。

他是一个五十多岁的,像圣徒一般的、成功的教师,却是采用这种方式自我解压、自我调节的。

我经常引用德国哲学家朋霍费尔的一句话:这不是你的错,这是你的命。你选择了这个职业，你就得过这样的生活。你既当了教师，就得跟这些复杂的、难缠的孩子一起，你需要成为一个帮助者、推动者。所以说"天生如此"，人生下来以后有些东西是不可改变的，但是"长出来"后，它能够通过得到帮助而改善，比如你遇到什么样的老师，生活在什么样的环境里。人也可能就是"彼此的命运"。

当媒体创新转化为教育传播力

一

我一旦接到某个任务之后，就会发现，我是一个会对自己的本领感到恐慌的人，也是一个对自己的未来感到恐慌的人。同时，我更难应对来自那些"高大上"场所的恐慌。

这几天我在深圳的南山、宝安、光明新区走访了将近十所学校。现在是一个迭代、变革的时代，就在这三个区域里，同样可以感受深圳教育的丰富与多样化。

我在深圳南科大第二实验小学，看到一年级的孩子在课堂里用思维导图学习，用很多最新的学习软件学习，孩子们表现出来的能力，尤其是想象力令人惊奇。于是，在这所学校的一天时间里，我都在不断地刷屏，不断地把教育最前沿的信息通过微信传递到我能够传递的地方，因此，我一个月的移动数据流量就在这一天的时间里用完了。

我也到了宝安一所叫共乐的学校，晚上我给全校所有的家长讲课，但没有想到的是，我是在学校操场上给家长讲课，大家都坐在塑料椅子上，这也是我第一次在深圳的学校操场上给家长们上课。

　　同时，我也给深圳新岗的教师讲了课。我告诉新岗教师：一个教师的成长，需要身边有师父，远方有导师，心中有偶像。我还跟他们分享了三年之后他们专业成长分化的几种可能性。

　　我还在深圳光明新区风景优美的凤凰小学的校园里，仰视那棵已经长了20年的木棉树。这所学校在现任校长14年的精心打造之下，变成了一所充满现代农业气息、充满了土地芳香的城市学校，同时它又是生机勃勃的、极为生态化的学校。我也听到了最新消息，这所学校未来将要变得更为"高大上"——为了接纳更多的学生，它将被翻新改造。

　　我比较关心那些长了20年的木棉树如何安置，校长告诉我，那些木棉树会被移栽，移种之后还将被重新种植在校园里。但还有一句话让我心情很沉重——"当木棉树移回来后就不是生长了，而是'活着'"。

　　中世纪著名的神学家奥古斯丁提出过一个令人深思的命题：世界上万物生长的规律都是"慢慢地快"。李校长告诉我，在十多年的时间里，这棵木棉树都看不出有明显生长的样子，但当过了十年之后，树木很快地越过学校所有建筑。作为一种变革而言，我们到底需要用怎样的立场去看待它呢？

二

　　所有的变革都有当下的评价，也有历史的评价。当下的评价是非常容易的，比如刚才提到深圳在过去中考所取得的杰出的成就，胜出就是胜出，哪怕胜出 0.5 分，哪怕胜出 0.01 秒，也都是胜出。但是这样的胜出对一个生命而言、对一座城市而言、对教育系统而言，又意味着什么呢？有时我们离得很近，反而无法看得更清晰，所以对教育、对文化，我们需要用另外一种视角来看待。这个视角就是历史的眼光。历史的眼光，更能评判我们现在走的路是不是通往正道，是不是符合人类基本的常识，是不是更有未来。

实际上，在 2002 年我就开始了生命化教育的探索过程。在此过程中，我一直在思考：怎样才能把我对教育的思考用一个恰当的方式加以传播？

我们这种课题研究，最早是从福建的乡村开始的——我走进了厦门的一所乡村学校，在这所学校，早上上厕所，我刚进去就退了出来，因为我没法走进去。所以一个上午我都忍着不喝水，不上厕所。中午的时候，我就跟校长感慨：如果他没有事可做，最需要做的就是改造厕所；如果他有很多事可做，最急着要做的也是改造厕所。当时厦门的媒体对我们的这次活动作了一个报道，报道的题目叫"生命化教育要从改造厕所开始"。福建师大的一位教授后来这么说我："张文质是学校厕所革命的推动者"。

其实，走进任何一所学校，我都希望把我所看到的一切与更多的人分享。但是，能够借助的平台、工具实在是太有限了，所以我就变成了一个唠叨者，成了总是急着要和别人分享见识、观察、思考的人——我变成了给加西亚送信的那个使者。

三

一直到了 2004 年，在我对中小学教育进行了十年细致、耐心的观察之后，我发表了第一篇借助媒体传播的文章——《处于危险中的中国教育》，我借助的是朱永新老师的"教育在线"平台。文章发表后，很快就得到了广泛传播，在几天内就有十几万的阅读量。这是让我非常惊奇的，也是很让我期待的。我之所以要借助这个平台做这件事，是因为我在众多的学校看到了教育的真相，看到了教育令我痛心的地方。

我在这篇文章里谈到："应查教育"令很多学校在各种各样的评比中疲于奔命；很多学校校长把更多精力花在各种评比以及整理各种材料之上。我对学生的描述是：他们比农民还要辛苦。我们的孩子从小学开始，睡眠就不能达到国家规定的标准，更不要说国际的标准了，而睡眠对一个人来说是多么的重要。从根本上说，睡眠是由基因决定的，不是由任务与作息安排决定的。睡眠不足，会严重伤害人的基因、大脑、思维、心脑血管，然后导致各种疾病的产生；睡眠不足，还会致人肥胖，精神抑郁，令人与人之间的关系变得紧张，更会给人生带来灰暗与绝望。这些年，我一直在坚持做研究，我所著的关于家庭教育以及生命化教育的书，里面都有很多对睡眠问题的调查与访问，这是我所关注到的关于儿童发展的问题。

另外，我对很多关于教师的评估与调查也作了深入、细致的统计。同时，我也看到了乡村学校、边缘学校的贫困状态。

当时，我就是借助"教育在线"这一非常强大的教育平台，来表达我的想法。我希望它可以被更多地传播，可以有更多的人能形成共识，可以推动更多田野调查的实施。生命化教育虽然是从乡村开始的，但是它需要有放眼世界的勇气，需要有更深入的生命立场，同时，它还需要借助互联网的平台。其实说起来很有趣，我一直是一个互联网技术的滞后者，是一个笨拙的探索者，但是我有比较超前的互联网的思维，以及一种对互联网的深情眷恋。

四

2005 年博客刚刚兴起时，我就在教育部课程指导中心的"新思考"网站注册了生命化教育专题。其实它也是生命化教育向全国范围传播的开始。

有时也许你并不清楚自己的同路人在哪里，但是在你走上正道时，就会遇到很多的同路人。有时即使你走在正道上，如果没有一个更广阔的平台，你就很难遇到那些更多样、更独特、更有个性、更令你惊喜的当代教育改革者。

其实，我们都在想着要挣脱作为沉默者的身份，都想要尽可能地发出自己的声音。就像契诃夫发出的感慨，在他看来，托尔斯泰、陀思妥耶夫斯基、屠格涅夫等人已经把他们那个时代最重大的社会命题——人性的命题都写尽了，那么他还要写什么呢？他提出，"大狗叫，小狗也要叫""小狗有小狗的价值"，而他也一直愿意发出自己"小狗"般的声音。

让人惊奇的是，在生命化专题里，我的每篇文章几乎都有一万以上的点击量，这就说明很多人都在期待，很多人都愿意分享，很多人都愿意接受这些关于生命的信息。

在此之后，我跟几位朋友共同创建了"1+1教育网"。"1+1教育网"是一个更纯粹的为教育同道、教育同仁、教育探索者提供的生命交流的场所，有人把它叫作"寻找尺码相同的人"，而我会把它看成是"寻找精神面相比较一致的探索者"。由于是在这样一个平台上聚集，其平台的价值与背景首先是对生命的一种尊重，它同时发出的是多种多样的声音。更重要的是，大家要去领悟这个时代教育以人文发展为最新、最具价值的命题。同时这样一个平台，也是教师生命成长、专业成长、精神提升以及每日进行思想交流的场所。

在"1+1教育网"的平台上，我们组织了"1+1读书俱乐部"，这个读书俱乐部已有十多年历史，它的形式就是教师共读——每月大家共读一本书，接着写一篇教育评论，然后再进行一次线上或线下的读书话题交流。同时，通过这样的读书活动，去影响一个孩子、影响一个家庭、影响一个班级、影响一所学校，我们要去想"大问题"，但去做"小事情"。

在今天这样的时代背景下，不管如何评估，对我们教师而言，最重要的仍然是——你要成为一个建设者，从一切能够改变的地方开始；让一切回到自我，让自己变成一个革新者，变成可以推动教育的力量。这个自己，可能就大于教育本身了；这个自己，也可能大于学校了。我们是用一种民间的立场、草根的情怀，以田野作业的方式在推动着教育的变革。另外一个立场是，我们不那么在乎别人怎么看自己，我们更在意的是，我们是如何自我评估与自我发展的。

有一段时间，"1+1教育网"聚集了大概五万左右的教育同道。我认为，我们的同道不仅在身边，更在远方。而坚持走正道的人，必有贵人相助。而我们的贵人，肯定也包括了开放的网络平台。

五

在前进的同时，我一直是一个"追赶风筝的人"，一直是一个追赶科技发展的人。也可以说我一直是个赶时髦的人。这个时髦，是思想变革的声音；这个时髦，就是我始终能够借助科技创新的力量。

当微信出现后，我也是最早就注册微信的人。同时，我也在不停地思考，怎样从身边开始变革，从周边熟悉的人开始思想的传播，走进学校与它们结成思想的共同体，所以我的微信从一开始就被定位为思想交流的平台，同时也是各种见闻、各种发现、各种新的理解的分享平台。

后来，我惊喜地发现，开始出现微信公众号了，我也是最早建起微信公众号的人。当然，我的公号建得也是一发不可收，有"张文质家庭教育研究""奶蜜盐共读联盟"等，这种关于共读联盟的探索就是：在大家身份不相知、完全陌生的情况下，大家也可以成为一个共读团体，可以进行更深入的、回到问题本身的探讨。同时还有苏州的朋友建立的"上班路上听听张文质"的有声朗读；"张文质一年级研究中心"的"三三制生命生长课程"的研究，如今也建立了相关公号。

我在思考教育问题的时候，秉持了几个立场：

1. 通过我的田野式的观察，我希望从所认识的全国两千多个教师那里听到更多关于教育的声音。我希望我发现的、思考的、探索的是教育的真问题，同时我也一直在思考思想的传播力。我的领悟是：我要积极地介入网络生活，要更加关注传播技术的发展，这样才可能真正有助于我成为一个教育思想的传播者——每一个人都成为媒体，每一个人都成为学校，每个人都是一个"加强师"。我们要相信：在一个开放的年代，所谓的"草根"恰恰是更有生命力、更有影响力的独特个体。

2. 教师的"微革命"。也许今天的教育正在渐渐进入"人人互学、定制学习、自我设计、未来学习"的阶段，作为一个教师，到底要思考什么呢？于是我就提出了"1+X"：这个"1"首先代表了国家的意志，第二是代表了这个时代的背景，国家的意志与时代的背景是我们生存的最重要的一个背景，我们就是要在确认它的情况下来进行一种存在的变革。而这种存在的变革就是"微革命"，它是生活的变革，是价值观的变革，是表现方式的变革。它不是仇恨，不是敌意，不尽是批判，而是改善、调整与觉悟，我们要自觉成为行动者，自觉成为建设者。我是以这种方式来思考和定义教师这个职业的，教师更重要的是要基于爱，基于一种立场与理性。同时，教师作为一个传播者的力量会越来越强大。我特别强调教师要用专业的、职业的方式来说话，要把教师的声音直达庙堂之高，无远弗届。

六

我觉得，如今我们所处的是一个非常特殊的时代。我注意到很多人都用了这样一个词：迭代。迭代，实际上既是更新换代，是一种变革，还是一种延续。

这个时代又是一个众声喧哗的时代，我们很多关于教育的命题，都会成为一个时代的话题：一方面，它说明教育已经上升为我们公共话题里最能够产生影响力、最能够产生辐射力，也是最为公众所渴求获知真相、获知理性答案的一个领域；另一方面，它还说明教育所面临的困难也是前所未有的。

谈谈有关教育、教师以及教育研究者个人的媒体素养的这类话题。我觉得作为教师，他自己首先要是一个传播者。作为一个传播者，确实需要你有意识地提升自己的传播能力，提升自己的思想深度。

当然，在今天这样一个开放、多元的互联网时代，我们更要有意识地让我们的声音越过我们的教室、越过学校的围墙、越过我们教育的领域，能够在公众领域里发声。这样的发声一定要基于专业，基于我们个人的优势，基于我们对社会的理解而发出。这样的素养，包含着我们个人身份的迭代与创新。

我确实看到了很多惊喜，在一些学校，我看到他们利用网络直播平台，一些只有一年教龄的老师（完全是新教师）所探索的统整课程刚刚起步，他们现在的传播，并非是完全成熟之后的传播，而是生长性传播，共享性传播，是为了形成更广泛的关注，获得理解与参与的一种建设性传播。我觉得这是一种非常好的学习与共享的方式。这种学习与共享氛围，一方面可以推动教师的专业成长，另一方面，它还有助于社会对教育有更深入的理解。

我突然有一种意识：其实我们还要重新定义教师与学生父母的关系。

因为现在我们强调的共育、合力，共同促进孩子成长的意识是前所未有的。

我说的这种重新定义是：作为学校里的教师，其角色在变得丰富、多样化的同时，在这些学校我还看到，孩子父母的角色也在多样化。父母除了承担养育孩子的责任之外，同时可以成为家庭的教师，他们可以用教师的方式介入孩子的全面发展，以及参与到学校的公共事务中。

我走访过很多学校，都是新创办的学校，但是在父母全面参与上，它们的意识已经非常强烈了。这种强烈的意识，也包含了学校对信息开放、信息多元方面的思考。学校的建筑虽然是有围墙的，但是学校的思想不能有围墙；学校工作虽然有分工，但是参与到这项工作的成员应该更加多元化。

可实践的生命教育

这十几年来我从事生命教育研究，每一次讲课的时候，总会想到黄克剑先生说的那句话，要"以生命治学，为生命立教"。这是一种教育情怀，背后蕴含着深厚的教育理解力。

在多年的生命教育实践中，我成了最大的受益者。所谓的"受益"，就是对生命自身的理解变得越来越开阔，对他人的生命处境有了真挚的，发自心底的同理心、共情力。

回到教育应有的生命立场

我们现在思考教育，不能只停留在对现象的思考上，而要看到这个现象是怎么形成的，要回到原点。

所谓回到原点，其实就是回到生命本身，回到每一个具体的人，回到教育应该有的生命立场。教育应该有去成全人的幸福的可能性，这就是教育的原点。

回到原点去思考，我们才可能有一种超越当下的流行语境、超越现实去理解教育的能力。

在目前，谈论教育依旧是一个沉重的话题。在这样的文化与生存的背景下，我们必须思考生命教育。

生命教育不会为了获得成绩而进行长期又单一的操练，生命教育无法解决教育行政部门的效益问题，我们思考、谈论生命教育，是在以另一种方式促进教育的变革。

让拥有强健的身体成为实践生命教育的起点

我们所期许的基于生命教育的教育变革是怎样的呢？希望我们把对教育思考的起点首先转向身体。我们首先要有一个强健的身体、丰富的心灵，要有顽强的生命力，要有对自身生命的自信。

怎样实现这样的目标呢？

第一，要遵从生命内在的需求。

内在的需求可以看成是蒙台梭利所说的内在生命力，也可以看成是每一个人身上的、作为人的特殊性的、可以自动产生影响力的本质属性。

有个说法很形象——一个鸡蛋，从里面打开是生命，从外面打开则是食物、是终结。也就是说，生命的成长，不是简单的外力作用的结果，而是生命本质性的各种因素所决定的。

蒙台梭利把3~6岁称为生命的关键期，所谓的关键期，说的是这个时期对于孩子的身心发展最为重要，这个时期是他的语言能力、动手能力、思维能力、身体协调能力的学习最敏感、发展速度最快的一个阶段。

敏感期一旦错过，将不会再来。

在这个阶段犯下的养育孩子的错误，也基本上没有办法改善。

3~6岁的需求可能决定了人一生的能力的发展，0~3岁的需求可能决定了人一生的情感能力的发展——这一阶段的孩子天然有着对爱的需求、对安全的需求、对温暖的需求、对鼓励的需求。

在遵从生命内在的需求这一方面，中国正陷入一种前所未有的困境，六七千万的留守儿童——他们的生命内在需求完全被忽视掉了。

我对此有一个归纳：教育孩子一旦失败，所有的成功都变得没有价值；孩子的成长一旦失败，你个人所有的成功都变得没有价值。

我们作为教师，更有一种职业上的天然优势，但是我们如果没有这种觉悟，天然的优势很可能转化成我们的劣势。

所谓遵从生命内在的需求，就是要按照生命成长的规律，尽可能去满足他、去尊重他、去成全他，这就是教育的正道。

第二，要遵从生命自身的节律。

怀特海把人类生命的第一个时期称为浪漫期，这一时期是从幼儿阶段到小学阶段，最重要的是去感知世界，去接触、去直觉、去尝试、去说、去听、去看、去动手，用整个生命去拥抱外部世界，这种生命体验会构成人一生的兴趣，会开启人自我发现、自我觉察的源头。

夸大来说，如果没有充分的浪漫期，那么后面知识的学习——也就是生命的第二个阶段：精确期——很难有专注力和持久力。

但是，我们今天的教育以知识为背景，大大地限制了孩子的游戏，限制了孩子跟自然、跟他人、跟物之间的互动。

从生命体验的角度而言，今天的孩子几乎没有例外地变得苍白、单一、麻木，很多人一生都不知道自己喜欢什么、想要什么，一生处于对爱的无知跟麻木状态。

所以，学校教育不能简单地变成一个仅仅以知识传承为中心的场所。

我们需要整个课程观的变革，要以生命、身体的发展建构课程体系，这样的新的课程体系才可能创造出更有生命力、更有专注力、更有想象力的人。

当下的教育现状，麻烦就在于，每一个阶段都对下一个阶段很无知，对未来的教育是盲目的，前一阶段的学习常常成为下一阶段学习的障碍，这就是我经常说的"学业枯竭现象"。

学业枯竭现象的核心原因，首先是学校课程体系出了问题，我们的课程体系是按照知识来构建的，而不是按照生命需求、生命发展的脉络来构建的。

探索一种基于生命教育的变革方式

我一直在思考教学方式、学习方式的变革，听了将近20年的课，对这个问题越来越困惑。

最近突然想到，也许教学方式的变革没有那么重要，学习方式的变革也没有那么重要。

因为，当我们说到教学方式与学习方式的变革，我们思考的中心仍然是教师，而不是对一个人学习方式、学习心理、学习独特性的思考。

其实无论什么样的学习方式、教学方式，最后都有一种生命自身的回应方式。

这种回应方式可能是同化，可能是顺应，可能是筛选，然后，教师所教的东西与孩子已有的经验开始发生化学反应。

千万不要低估这种化学反应的意义，它可能使得同一种教学方式会教出千差万别的学生来。

比如，我们通常反对的"满堂灌"的方式，也可能会教出很不错的学生来，因为这个学生与老师的教学方式发生了化学反应……

所以说，当我们谈论教学方式和学习方式变革的时候，可能存在着某种麻烦，因为我们一刀切的做法，否定了某些教师个体性的、个性化的教学方式。这种一刀切的方式才是需要变革的。

教育更重要的是要发展教师的个人独特性。把教师看成是一个手艺人，这意味着每个人都有自己独特的价值，每个人都有自己独特的手艺，每个人都有自己对知识的处理方式。

手艺是有对象的，教师在与学生互动的过程中发展自己的教学技艺。

做一个手艺人，一定要有自己的独特性，这个独特性是别人不可能替代的。所以，我们要打破固化的评价方式，要打破设定的粗暴的课堂文化。

对于教育的变革，我们可能要采取三种态度：

第一，有些理念，不能做到的，但它本身很美好，我们只能"虽不能至，心向往之"，心里面有个美好的愿景，这非常重要。

第二，"想大问题，做小事情"，就是要思考一下大的背景，但又需要从具体的小问题着手。

第三，"改变从可以改变的地方开始"，不是与教育文化为敌，而是把这样的教育文化作为我生存的基本背景，从能够改变的地方开始。

从具体的地方开始，起点落在每一个人理解力相关的某一种具体的教育实践上。

我认为，生命教育可以从下面几点着手展开。

对教师而言，只要你充分地尊重了每一个学生的生命尊严，你所做的工作就是生命教育。

这种生命教育把人当成人，无论在什么样的处境里，都愿意以建设者的态度面对学生的问题。

这样对待学生的错误，对待学生的叛逆，对待学生的挑衅。不为了所谓的成效，不为了所谓的高效，就轻易地牺牲学生的人格。这才是真正的教育。

按照这样的逻辑，我们也可以去审视当下不同形式的教育模式。我们不要因为它现在是"有效的"，是"高效的"，就动摇了对教育的基本判断。

成功总是更有吸引力的，但有时候成功对人伤害是更深的，在今天这个时代，我们需要重新来理解什么叫保守，什么叫迟钝，什么叫低效，什么叫成就，这些词现在很可能已经变成所谓的好词了。

所谓好词，因为这些词跟教育有更大的关联。教育的本性就是一种文化的保守主义。教育其实一直都找不到所谓的高效之路，如果能够找到，教育就简单多了。

在没有路可走的时候，我们就走原来的路，这个原来的路是千百年来人类走出来的，在教育中，这些路都曾让很多人形成过共识。

一个校长，一个老师，如果能够执守这种人性的、温暖的真善美，这一切就能成为学校最好的风景，也会让学校中发生的某些行为成为孩子一生难忘的记忆。

所有的孩子，不论走出多远，当他回过去看，他所得到的那种感染和鼓励，那些人与人之间美好的互动，都能成为他一生的养分。

所以，我们需要坚守这样做的信念，去关注每一个学生的生命成长和学业发展，教育中最难的恰恰在于每一个人，在于一个又一个具体的人，这是教育最大的挑战。

今天课堂教学最大的问题不在于教师教学水平的低下，而是教师需要更专业地帮助学生，成全学生发展的意识与素养。

一个学校是不是堪称伟大，其实就看它对待那些最弱势的学生，最困难的学生，最边缘的学生，秉持的是一种什么样的关怀。这是学校是否伟大的最主要的依据所在，这也是我们每一个老师是否伟大的依据所在。

结　语

一位校长告诉我，他们学校后面原来有一个农贸市场，那里的水会流到学校来。流到学校以后发现，很多野草野花都生长起来，然后学生们观察发现蝴蝶们最喜欢一种花，后来学校就遍植这种花，到了春天满校园都是蝴蝶，他就开了一门课程——蝴蝶课程，全校共修这门课程。

学校的围墙拆掉了，学校边上原来有一棵树在围墙外面，围墙拆掉后，这棵树就变成了学校的树，学校就又开了一门大树的课程，让所有的孩子学习。

学校后边的菜市场有很多菜叶子被遗弃了，孩子们把它捡回来洗干净，学校又开了一门扎染课程。

我认为，这才是真正的生命教育，这才是回到每一个具体的人，是回到生活的可实践的生命教育。

不要纸上谈兵，不要仅仅坐而论道，不要一心想着构建体系，建构体系让学者做吧，我们老师就一起从可改变的地方开始改变吧。

回到每一个人的生命化教育

一

经常会有人问我：如何去解读生命化教育？

其实生命化教育最为核心的地方，不是去解决课堂中的具体的教法，而是要去思考：我们为什么要活着？人生的意义在哪里？生命意味着什么？这样的思考，会帮助我们建立作为一个教育者的更为坚定的信念。是否有这样的信念，会影响我们对待课堂、对待生活和生活中的事件的态度。

我们的生命化教育课题从一开始就采用了一种非常民间的方式。所谓非常民间的方式，就是从一开始我们就没有想过要申请国家的课题，要得到国家任何的评奖和资助，也从来没有向申请学校收取过任何课题的费用。也许有人问我们的课题怎么能开展下去。其实，世界上很多美好的东西都是靠精神活下去的。或者更现实一点说，你只要走的是正道，就会遇到支持你的贵人；只要你走正道，就总会遇到同道之人。从 2002 年开始，生命化教育课题的研究就在福建省的乡村开展起来了。我们选择乡村，从某种意义上说，乡村对教育的新思想、新理念，以及新技术，都会有更强的渴望。他们渴望变革，渴望改进，渴望提升，渴望被关注，渴望有人走进那里。

我曾经听一个校长这么说：一个学校要是没有人关注的话，他们连操场都不可能扫得那么干净。如果经常有客人来，操场也会扫得更干净一些。

初听上去，让人感觉好像他们的操场是专门为客人而扫的。但其实，这些素朴的话告诉了我们一个教育的现实，有一部分乡村学校确实被边缘化，被人遗忘了。乡村学校整体的发展水平，跟城市的先进学校相比，有可能已经被拉开了几十年的距离。现在我几乎有些想不起来了，为什么从一开始就希望把生命化教育带到乡村去。也许注重现实的人有很多，但是对我来说，其中一个很重要的因素是我对乡村的情感，因为我就是从乡村走出来的。

前不久，在讲课的时候我提到，任何一个人都有几种命运。一种命运可以称之为"国命"。所谓的"国命"，就是全民族的人要共同担当的命运，没有人能够例外。还有一种命叫"天命"。"天命"就是你一出生就要面临的各种状况，你生在什么时代、什么地域、什么家庭，以及你生下来的健康状况、智力状况，家庭的经济状况、文化状况等，构成了你人生最大的命运。

二

我经常说，其实人还有"地命"。"地命"就是你出生时的那片土地带给你的命运。你出生在哪片土地上，是有很强的命运感的。

这个话题从中国的文化里面可以找到依据。但是，有些话题是具有情境性的，放到那个具体的情境里特别能够理解。只要你生在这里，就会处于某种特定的格局里面。

以我自己为例。如果我生在福州市，我高考的成绩至少会提高几十分。我说的提高几十分，不是指我在那里会受到更好的教育，而是指就凭我所受到的教育，本来就可以提高几十分。因为我高考的时候很多试题根本看不懂，甚至正好把题目理解成相反的意思。原因很简单，从我们乡村到城里交通极为不便利，通常要花一天的时间。在我们的乡村学校，老师也从来没有让我们看到过更好、更丰富的教育资料，包括试题的类型。

几十年后的今天，我有时会想：也许当时我可以考得更好一点，后来的命运会怎样呢？也不是说我后来的命运一定会变得更好，而是这个"地命"的确在实实在在地影响着我的命运。尤其是在封闭的、落后的、充满着各种压抑的处境里。这时你就会发现，一个人生命成长的格局，所受到的各种外在条件的限制，要比一个开放的、昌明的、均衡的社会对人的影响大很多。所以，有时候，你所获得的智慧以及某些理解力，都是与年龄和阅历相关的。

有这么一个简单的问题，我年轻的时候从来没有想到，原来人一生走的那条路，是有很多改变的可能性的，因为你会面临很多的契机、很多的选择、很多的偶然性。选择不同，你的人生之路可能就会不同，但也可能，不管你怎么改变，你都会相信，冥冥之中总会有一些安排。这种安排不是把你导向宿命论的，而是导向对命运的某种敬畏感。人的成长都会受到各种条件的限制和约束，人能长成某种样子，是由很多的力量共同主导的。

生命里总有一些妙不可言的感觉：当你见到一个人或遇见某件事的时候，并不能理解这件事、这个人在若干年之后将对你产生多大的影响，可能通常要等到若干年后，你再回想时才会豁然明白。我现在想的是：当我选择在乡村开始做生命化教育研究的时候，它对我的影响有多大？为什么我要做生命化教育呢？这又是跟哪一个人、哪件事情有关呢？

三

在 20 世纪 90 年代时，我认识了当时在福建工作的哲学家黄克剑先生。那时黄先生经常和一些朋友举办学术聚会，大概两周就会有一场，纯粹是纸上谈兵，谈学术问题，谈他的阅读、经历和人生的各种感想。

刚开始时，我没有加入这个团队。那时我有一个校友兼学弟经常来找我。有一天，他匆匆忙忙吃完饭后对我说，他要赶着去参加一个学术聚会。我很惊讶，因为那时的福州，文化相对贫瘠，怎么会有学术聚会呢？他告诉我福建有一个哲学家叫黄克剑，学术聚会就是他组织的。当时我听了不以为意。后来当我去另一个朋友那里的时候，我正好赶上了他们的哲学聚会，也终于见到了黄克剑先生。其实在这次见面之前，我在朋友家里已经见过他一次。

现在我还记得，在聚会上黄先生见到我的时候就说："我们这次聚会来的人更多样了，比如说文质，他是一个诗人，我们的聚会多了一个诗人。"其实，我只是凑巧参与的，但是他这么一说，就好像我已经是其中一员了。等到下次又聚会的时候，他就要福建师大的研究生通知我也去。如果当时他没有通知我，我想我的命运就会改变了，但是他通知我去，我的命运也被改变了。

从第二次去过以后，我就登堂入室，成为这个聚会的一员了，后来每次都去。但是，每次参加完聚会以后，我都觉得真是太辛苦了。那个时候连个聚会的地方都很难找到，这跟当时社会的贫困状态有关。当时，我们经常在福建师大外语系读研究生的两个朋友那里聚会，他们租住的是农民的房子，我们聚会就坐那种木板凳，喝的不是今天福建人喝的功夫茶，而是一人泡一大杯茶，从晚上8点左右开始谈天，聊学术，一直要聊到凌晨四五点。我们都是骑着自行车去的，然后骑回来时，天都开始亮了，街上清理垃圾的人、运菜的农民已经开始工作了。那时，我回到家稍微休息一会儿，到了6点多就要起床，准备送孩子去幼儿园。

所以，每次去之前我都在打退堂鼓：这么辛苦的聚会我一定要去吗？再说我是一个写诗的，为什么要参加这么严肃的学术聚会呢？每次我都有种"下一次我就不去了"的想法。

有一次黄克剑先生跟我说："文质，你现在在教育研究机构，其实教育还是一件很值得做的事情。"那个时候，我一听也觉得教育肯定是一件值得去做的事情，但是我并没有把教育看成是重大一件的事情。

到了 1993 年，当时福建的教育杂志《教育评论》，它在全国还是比较有影响的，有一天他们主编问我能不能找一些名家做一些对谈，组织几篇关于教育话题的访谈，我答应了。

首先我就想到了黄克剑先生，我跟他做了半天的教育对谈，并做了录音。然后把它整理出来，文章的题目我定为《教育的价值向度与终极使命》，并发表在 1993 年第 5 期的《教育评论》上。

在这一篇文章里，我们可以了解到黄克剑先生是第一次把中国当代教育的终极价值指向生命的学者。他把教育重新定义了，他认为教育所做的工作可以分成三个层次：

第一个层次叫授受知识，也就是传授知识和接受知识。他强调知识的双向功效，教师在传授知识的时候，学生同时在获得知识，教师在影响学生的时候，同时自己也在发展之中。

第二个层次强调的是智慧，叫开启智慧。他特别强调，智慧不是知识，它是不能重复的，更不能像方法那样分门别类地传授出去。但是，跟有智慧的人在一起，你会受到熏陶、感染与启迪，所以，他称之为"开启智慧"。"开启智慧"的另外一层意义是，智慧在每一个人的生命之中，需要有人去感染、影响，并帮你去开启，那样你就会成为一个有智慧的人。

第三个层次，他把教育的终极价值直接指向"点化与润泽生命"。

其实，这是自 1949 年以后，教育研究领域第一次最明确、最坚定、最直接地把教育的意义指向生命本身、在这之后相当长的时间里，我们谈教育时更多谈到的是教学，谈到教学就谈到德育，谈到德育更多的就是课堂的各种技术，最后谈到成绩。但是，缺少这样整体性的、丰富性的、复杂性的对教育的理解。

平心而论，这样的文章不可能一下子就引起太多的注意——包括杂志的主编。当看到这篇文章时，他跟我说，黄克剑先生的这种思想更多的是受到古希腊哲学的影响。既然他这样说，也许是不太能理解教育需要用这样的眼光去打量。其实，我跟黄克剑老师的认识，从这一篇访谈开始，就有一种教育的光真正地照到我的额头上。

四

当然，还有一件事情，就是阅读，它对开启我对教育的情感也有很大的关系。其中一本书就是雅斯贝尔斯的《什么是教育》，它是三联书店印刷的一本薄薄的小册子。雅斯贝尔斯对教育有一种哲学的探寻，还有他唯美、睿智、深邃又充满诗意的文字，都深深地打动了我。

其实对教育的阅读，每个人都是不一样的，有些阅读是因为我们缺乏阅读经验，没有那么多的积累，才对更丰富的阅读没有兴趣。也有一种阅读，是因为被一些粗制滥造的文本败坏了我们阅读的胃口，所以，可能我们对这些阅读一直不抱有期许。其实，我对教育的阅读就属于这种情况。

我读的是华东师大中文系。华东师大现在是教育研究的重镇，但是在我读书的那个年代，有些老师的课真的不是精彩极了，而是糟糕透顶。我只上过一次课就不再上了，后来要应付考试，我就抄了一个同学的笔记而后背熟，没想到最后竟然还考了一个"优"。

所以，我想我对教育、教育学的热情，从一开始就没有被点燃过。虽然我读的是师范大学，从事的是教育研究，或者说教育工作，但我始终没有被唤醒。在这个时候，黄克剑先生作为一个具体的人，开启了我对教育的某种情感；雅斯贝尔斯又从一种深邃的哲学的高度提供了文本，让我看到了教育极其美妙、极其深刻、同时又极其丰富的表达的可能性，这个时候，可以说我原来固有的对教育的观解已经产生了很大的变化。

属于个人的教育研究简史

一

我真的没有想过要当老师，当教育的研究者，或是通过什么途径成为今天的自己。我大学读的华东师范大学，也不是冲着"师范"去的，而是冲着"大学"去的。

我后来回忆高考成绩，里面大概有二十几分是因为看不懂题目而做错的。因为我从来没有见过考前模拟题。老师也没教过怎么考，我对高考，几乎什么都不懂。那个时候我唯一的心愿——也是我父亲的心愿，是考上离家最近的一所大学，福建师范大学。我父亲希望我能在一个从家到校，一天就可以到达的学校读书。

我填报志愿时，父亲也不知道怎么指导我填，我也没有意识到要问一下老师再填，当时填了北大、南京大学等高校，填完几个后，发现还有个空格，我不知道怎么填了。我同学说那就填华东师大，我就填了华东师大。

在我所有的志愿里填第一位的都是历史专业，但我后来被华东师大中文系录取，中文系是我填的第二专业。去读大学以后，我都不敢跟同学说我是以第五志愿的第二专业成为你们的同学的。

我报到后，自我介绍我的名字叫"江文计"。正式开学那一天，我们所有同学都集中在教室，由一个老师点名。我们全宿舍的同学笑翻了，因为他们知道我其实叫张文质。至今我的很多大学同学还是叫我文计同学，或者叫我江文计。这个名字一度成为宿舍最大的开心槽点，刚开始的时候我极为愤怒，感觉一群人怎么能这么欺负一个发音不准的人呢？谁打电话和我开这个玩笑，有时候我直接挂电话。后来也就习惯了——还能怎么办呢？

后来，我们老师检测同学们的现代汉语水平，听了几个字，就跟我说："张文质同学，你先到那个房间里等一等。"我推门进去，发现所有的福建同学都在里面。所以世界上最痛苦的事情是什么呢？是聪明的人理解不了愚笨的人的痛苦，身体强健的人理解不了身体瘦弱人的不幸。

二

我在后来的教育调研中发现，有时候我们老师上课，基本会对非常厉害的那些学生过于垂青。这是一种朴素自然，有时候又难以克制的情感——那些特别聪明、伶牙俐齿、反应敏捷的学生，是多么让老师舒心啊。

但这导致有些学生在课堂上，从来不会获得老师点名，不会有发言的机会。有一次我去晋江听我一个同事的课，他在课堂上问学生："每一节课，老师都能够提问所有人吗？"有个孩子说："我每节课至少有 5 次被提问。"但有一个孩子说："我已经十几天没被老师提问过。"

其实课堂上发生这些事情很正常，有时候是老师出现了"集体无意识"的状况，有时候是老师的教学惯性使然——在课堂上站哪里都能看见喜欢的那些学生。这些反应很微妙，又难以察觉，有时候也不会造成太大的影响。

但是，我觉得作为教育者，作为很多学生的老师，是需要自查这些习惯，并保持敏感和警惕的。教师这种工作，首先就有很强的敏感性，就像我们很多老师，你能成为教师是有偶然性的，但是在偶然性造就的职业命运里，你怎么才能变成一个自觉的老师？

说到这里，我要强调一点：有时候你生命中有个导师，有个启蒙者，有一个重要的人或者关键事件，能时时处处提醒你一些细微但关键的事，是极其重要的，这也是一个人的幸运所在。

三

我大学毕业就到福建省教研室工作，但在那里，我是唯一没有参加过高考中考命题，没有参加过高考改卷，没有编写过任何练习册的教研员。

而事实上，我根本就不想当空头的教研员。

做教育，你对教育要有真正的使命感，有更为丰厚、更为开阔的感情，才是有用的——当然，我这个话不是一概而论的，而是说，恰恰是我们的教育学，我们这些年进行的教育改革，并不是意识形态能辅助或者决定的，而是和参与者的学养、情怀、理解力有很大的关系。

有个朋友曾跟我感慨说："我们读文科的人，如果在年轻的时候没有受过人类历史上最伟大的文学著作的影响的话，情感很容易会被扭曲，或者会被某种浅薄的力量所左右。"

我们今天谈阅读，其实我认为从 12 岁到 24 岁或者更早一点，要阅读的最核心的应该是文学经典，因为只有那里才葆有人类最崇高的理想主义、责任感、创造力，还有人类伟大的同情心、不可思议的事情。

我们很多人研究，研究的是什么呢？在孩子最需要文学熏陶的时候，我们给的是试卷，是题海，是解题的技巧，是那些反复记诵下来的考试的知识。

我们为什么容易变得庸俗？我们的情感为什么这么浅薄？实际上跟缺少对伟大作品的体验有关系。

四

我后来受单位指派，去业余学校做兼职教师，他们是业余学习的学生，年纪都比我大，根本不知道什么是知识的学习，也不管你有什么样的教学技巧，他们根本不想听你的课，你怎么上？

我上完课骑自行车往回走的时候，经常都是一路沮丧着，看不到有任何改进的空间。我一个朋友偷偷地在我教室里听了两堂课——因为我那个时候眼睛已经近视了，又没戴眼镜，根本没有认出我的同学。他后来告诉我，就教学而言你是没问题的，但是你根本没有能力对付那些比你年纪还大的、仅仅为了业余高中文凭来学习的所谓的学生。

我记得当时业余学校还请了一个闽江大学的讲师——在20世纪80年代讲师是很厉害的——他听了我两节课后，给我提了三点意见：

第一，定你情感的基调；第二，定你教学的方法；第三，定你所站的位置。他说像我这样讲课走来走去，学生情绪都会受到影响。定情感的基调——这有点奇怪。比如说这篇是《记念刘和珍君》，你的表情就应该是沉重的、悲切的，然后你该怎么分析。第三条的定位置，我就更不理解了。为什么就一定要站在这个位置上讲？

我后来又到山区教了一年的中专，1989年到1990年又在福州的一所高中当了一年的班主任，教了一年的语文。在福州高中教学，是真正对我思考教育有启迪的。这一年，我对教师职业产生了强烈的好感，虽然当时我仍然对这种工作感到恐惧。

五

我真正对教育的觉醒，是来自于黄克剑先生的启迪。

20世纪90年代，大家就跟着黄克剑老师读哲学。那个时候他告诉我们，教育是一件非常值得做的事情。他首先跟我说，你除了诗歌创作和阅读文学作品，还应该把一部分精力放在对教育的关注上。几年之后，他又告诉我，至少要把一半的精力放在教育上。

后来当我真正投身到教育研究中后，他告诉我："也许教育是世界上最值得做的事情，你全力以赴还不见得能做好。"

其实他就像一个高明的老师，先引导你走出第一步，然后不断增加新的任务，而这个任务跟你的成长是相适应的——最后才对你提出必须把做教育变成一种命运。说实在的，我一直没有完全按照黄克剑老师对我的期许，全力以赴把所有的精力都投入其中。

但是，从1996年开始，我每年至少到学校听100节课。特别是在90年代中后期，我到学校听课，更多的是带有一种强烈的批判意识的。我真没想到学校是这么上课的，真没有想到师生关系是这么粗暴简单的。

六

那时有人把我们指导自主学习和教学改革的三位朋友称为"三剑客"。我们自己也觉得自己是剑客，在跟一些教育的流弊做斗争。但是后来我逐渐不这么看自己了。

有一年我到一所学校去讲课，校长听完我的报告之后说："听说您很激愤，但是今天听完您的讲课，好像也没有那么激烈。"我说："可能是我老了，也有可能是你成熟了。"

有一次，我在福建师大高师培训中心给校长们讲课，讲完之后几乎没有校长过来跟我打招呼，他们都像潮水一般退走，只剩下我一个人孤独地整理讲义，然后一个人独自离去。那个时候我还觉得挺骄傲，认为思想者都是孤独的。

后来，随着我对学校、对教育更深入的思考，已经不这么想了。我想从理念传播，到真正发挥启迪警示作用，还是要关注他者的接受、理解与真正的实践上。

后记：我需要把余生交给更伟大的事业

应该说，我是一个热爱学习的人。首先这个"学习"，指的是知识的学习。在我生命中相当长的一段时间里，我的心力是用在对大量知识的获取上，以及对知识本身的思考之上的。虽然"书中自有黄金屋""书中自有颜如玉"，讲得有点夸张，但是我们仍然相信知识会给我们带来改变。这个改变很重要，它能让我们从困顿、蒙昧、褊狭、粗陋中，逐渐走向更为宽阔、澄明与深沉的境界里。

对知识的渴求，我不能只是用"知识改变命运"来形容，但知识确实帮助我获得了成长与发展。知识，也改变了我整个人生的轨迹，甚至相貌。现在，从相貌而言，我看起来还是比较像一个所谓的知识人吧。当然知识人也包含着某种贬义——手无缚鸡之力。我的面色跟大自然的颜色还是有相当大的距离，很多时候还是显得比较文弱的。我们整个生命的面貌与知识的获取，其实跟精神的陶冶是相一致的。

在更年轻的时候，我生活在乡村贫瘠的土地上，对知识的好奇与追求，也是生命的一种本能。"人是渴望学习的动物"这句话说得没错。而且，人是命中需要学习的动物。同时，这种学习的周期是相当漫长的，有时可能会延续一生。

一个人思考的深度，其实也是跟其持续、深入地对某个问题反复琢磨、反复折腾、反复勘查（对知识的勘查）有关系的。当然，从我自己现在的精神来说，很自然地会对自己懂得更多一些，对世界多多少少也会有一定的洞察力，包括对社会、人事、历史，等等，都会有些一知半解或者自己的小小发现吧。有时，还是会有种欣慰的感觉，当然，这完全称不上嘚瑟。

在知识面前，在世界面前，在巨大的神秘面前，我一直保持着一种谦逊。这个谦逊，不是一种姿态，而是发自内心的，我还是要为一些无知担责吧。确实也没有多少资本让我能够更自得一点。

我讲的这些，核心不在于在我前半生的生命里，我对知识有哪些追求、汲取与颖悟，因为这肯定已经是一个事实了，而且我一直保持着这种学习与思考的状态，同时也把它看成是自己生命中比较重要的一个任务。其实，我这些年更多想到的是：我要渐渐地把书读慢，要深入地阅读，反复地阅读，可以读得更慢一点，想得更多一点，想得更周全一点。这也是我七八年前的一个思考。

今天，我又有了另外一种思考：我觉得我余下的生命，重点已不在于知识的滋养与陶冶了，而我需要对生命本身有个更直接的面对。简单地说，就是知识会帮助我获得洞察力，但知识并不一定使我获得一种勇气。它并不是简单地就能从知识生长出来的。如果要唤醒生命更高的觉悟，就要去激发自己更重要的勇气。

我最近思考的就是，我需要跟生命（尤其是跟死亡）达成和解，我需要把余生交给更伟大的事业，我要让自己生命里有种更真挚的火焰燃烧起来。

　　有的人，怯懦成性，有的人，一直退缩。有的人，一直没办法把这些问题当作真正的问题，去反复思量，反复斟酌。当我们把所有的问题都放到自己的生命里面，放到"我"上，放到具体的个人上时，我们该怎么面对？

　　我们要不断地成为自己，最后才能成为一个更像样的人。